K-민주주의 다시 보기

K-민주주의 다시 보기
민주주의를 마주하는 시선

초판 1쇄 발행　2025년 12월 24일

지은이　　　김광민
펴낸이　　　조미현

책임편집　　윤지현 김희윤 이수호 류근순
디자인　　　엄윤영
마케팅　　　이예원 공태희
제작　　　　이현

펴낸곳　　　(주)현암사
등록　　　　1951년 12월 24일 (제10-126호)
주소　　　　04029 서울시 마포구 동교로12안길 35
전화　　　　02-365-5051
팩스　　　　02-313-2729
전자우편　　law@hyeonamsa.com
홈페이지　　www.hyeonamsa.com

ISBN 978-89-323-2476-0 (03340)

K-민주주의
다시 보기

민주주의를 마주하는 시선

김광민 지음

현암사

차례

오렌지와 나랭기

서양 중심 사고에 좁아진 시야

오렌지의 원조는 나랭기

2008년, 당시 박근혜 대통령직인수위원회 위원장이었던 이경숙 전 숙명여대 총장은 "미국에 가서 오렌지를 달라고 했더니 못 알아들어서 오린지라고 하니 알아듣더라"는 경험을 소개했다. 인수위원장으로서 영어몰입교육을 주장했는데, 현재 한국 교육의 문제점을 지적함과 동시에 영어몰입교육의 필요성을 주장하기 위해서였다. 현재 한국 교육으로는 미국에서 쓰지 못하는 영어만 배운다는 것이었다.

이 위원장의 발언은 곧바로 영어몰입교육에 대한 찬반 논쟁으로 이어졌다. 그런데 예상치 못한 또 다른 논쟁도 불러왔다. 바로 '원조 논쟁'이었다. 오렌지의 원산지는 일반적으로 인도라 알려져 있다. 오렌지는 인도에서 포르투갈을 거쳐 브라질로 전파되었는데, 이 품종을 발렌시아 오렌지라고 부른다. 그런데 19세기 초 브라질에서 씨가 없는 돌연변이 개체가 발견되었다. 이것이 미국으로 전파되어 품종화된 것이 네이블 오렌지다. 네이블은 '배꼽'이라는 뜻인데, 꼭지 아래쪽이 배꼽 모양을 하고 있다고 하여 붙여진 이름이다.

네이블 오렌지는 발렌시아 오렌지보다 당도가 높고 신맛이 적다. 특히 씨가 없고 껍질이 쉽게 벗겨져 가공하기보다 생과일 그대로 먹기 좋다. 하지만 네이블 오렌지는 발렌시아 오렌지보다 과육이 적다. 과육이 많은 발렌시아 오렌지는 주로 주스용으로 재배되는데, 주스의 수요가 많아 발렌시아 오렌지가 네이블 오렌지보다 많이 재배된다. 하지만 우리가 생과로 먹는 것은 대부분 네이블 오렌지이기 때문에 소비자들은 네이블 오렌지만 기억하고는 한다.

발렌시아 오렌지의 생산은 브라질이 압도적인 1위를 차지하지만 네이블 오렌지는 미국 캘리포니아와 플로리다가 높은 점유율을 가지고 있다. 특히 '캘리포니아 오렌지'는 우리나라에서 하나의 대명사로 통용될 정도다. 이경숙 위원장이 영어 발음을 이야기하며 오렌지/오린지를 사례로 든 것 역시 이와 같은 이유가 작용했을 것이다.

그런데 앞서 살펴본 것과 같이 정작 오렌지의 원산지는 미국이 아닌 인도다. 심지어 미국은 포르투갈과 브라질을 거치고 거쳐 오렌지가 들어왔다. 그렇다 보니 이경숙 위원장이 미국식 영어 발음의 예로 오렌지/오린지를 든 것이 적절하지 않다는 비판이 일었다. 인도에서 발생한 오렌지가 세계 각국으로 퍼져 저마다의 이름과 발음으로 불리고 있는데, 본토 발음을 이야기하려면 원산지인 인도, 즉 힌두어 발음을 말해야 한다는 것이다. 참고로 힌두어로 오렌지는 나랭기(नारंगी [naːrãŋiː])다.

철학의 아버지는 탈레스? 민주주의의 모태는 아테네?

오렌지/오린지 논쟁과 마찬가지로 원조라고 하기 어려움에도 서양의 시각에서 원조 타이틀을 거머쥔 사례는 다양하다. 대부분의 서양철학사 서적은 이오니아학파(Ionian school)로 시작한다. 이오니아학파는 고대 그리스의 이오니아 지역을 중심으로 활동했으며, 탈레스(Thales)는 이오니아학파의 창시자로 불린다. 그는 만물을 지배하는 우주의 근본원리(아르케, arche)를 탐구했는데, 이를 물(水)이라고 생각했다. 그의 제자 아낙시만드로스(Anaximandros)는 아르케를 무규정적인 무한한 것(토 아페이론, to apeiron)이라 생각했으며, 다시 아낙시만드로스의 제자인 아낙시메네스(Anaximenēs)는 토 아페이론을 공기(aēr)라고 정의했다.

이오니아학파의 창시자인 탈레스는 흔히 철학의 아버지라 불린다. 그런데 이 부분에서 누군가는 의아함을, 누군가는 당혹함을 그리고 또 다른 누군가는 혼란을 느끼고는 한다. "만물의 근원이 불이냐 물이냐는, 어찌 보면 아이들 농담 같은 아르케에 대한 논쟁이 과연 철학적인가"라는 의문 때문이다. 그러나 많은 이들이 대부분 서양철학사에서 철학의 기원으로 이오니아학파를 다루고 있으니, 본질적인 의문을 제기하기보다는 자신의 이해력 문제로 치부해버리고는 한다.

하지만 이오니아학파가 출현한 기원전 6세기경 중국에는 공자, 인도에는 붓다라는 오늘날까지 인류의 철학과 사상에 엄청난 영향을 미치고 있는 사상가가 활동하고 있었다. 그런데도 만물의 근원이 물이라 외쳤던 탈레스가 철학의 아버지여야 하는 지극히 서양 중심의 사고에 대해서는 비판적 고찰이 필요하다.

이와 같은 당혹함은 정치학에서도 비슷하게 나타난다. 이오니아학파보다 약간 늦은 기원전 5세기경 이오니아의 인근 지역인 아테네에서 나타난 민주주의(Athenian democracy) 때문이다. 거의 모든 정치학 개론서는 민주주의의 기원을 기원전 5세기 아테네의 정치체제에서 찾고 있다. 당시 아테네에서는 제비뽑기로 선출된 시민이 국가 사무를 담당하는 직접민주주의(direct democracy)가 실현되었고, 이것이 민주주의의 기원이라는 것이다.

당시 아테네에서 직접민주주의가 이뤄진 것은 사실이다. 하지만 조금 깊게 들여다 본다면 그것을 과연 민주주의라 부를 수 있는지에 대한 의문이 생긴다. 아테네 민주주의의 중심적인 세 기관은 민회(ecclesia), 법원(dikasteria), 500인회(boule)다. 이중에서 가장 중심이 되는 것은 당연 의결기관인 민회다. 주요 공무원의 선출, 선전포고, 외국인에 대한 시민권 부여, 법안의 토의 등 굵직한 국사가 민회에서 논의, 결정되었다. 민회에 참여할 권리는 군 복무를 마친 20세 이상의 성인 남성에게 주어졌다. 정족수는 6,000명에 달했고 때에 따라 연간 40여 회가 개최되기도 했다. 법원은 500~600명 규모의 배심원단 결정에 따라 진행되었는데, 배심원들은 30세 이상 남성 시민 중 추첨으로 선발되었다. 민회와 법원의 의사결정은 연설과 반론을 거친 후 투표를 통해 이루어졌다. 시민들은 지위고하를 막론하고 이러한 집합적 의사결정에 평등하게 참여할 수 있는 기회를 부여받았다. 500인회는 민회에 상정될 의제나 법안을 설정하고 폴리스의 일상적인 행정업무도 상당 부분 담당했다. 500인회는 각 부족의 시민 중에서 추첨에 의해 구성되었다. 재임기간은 1년이었고 연임은 불가능했으며, 평생 두 차례에 한해 기회가 주어졌다.

모든 시민에게 국사에 참여할 기회가 평등하게 보장되었던 아테네의 민주주의는 우리가 생각하는 민주주의의 이상에 가까워 보인다. 그러나 이면을 바라보면 다른 모습이 보인다. 우선 전체 인구의 85% 정도가 시민권에서 배제되었다. 즉, 아테네의 민주주의는 약 15%의 시민에 의해서만 운영되었던 제한된 민주주의였다. 시민권이 배제된 이들은 여성, 노예 그리고 외국인 등이었다. 이처럼 다수가 시민권에서 배제되었고, 특히 노예제도를 기반으로 이루어진 제도를 과연 민주주의라 할 수 있을지는 매우 회의적이다.

물론 아테네의 민주주의가 비록 다수가 배제된 채 노예제도 위에서 이루어진 것은 사실이지단 그렇다 하더라도 민주주의의 원형을 실천한 사례라 평가할 수도 있다. 하지만 아테네보다 훨씬 앞선 기원전 8세기경 중국 지역의 주(周)나라에서는 영어 'republic'의 번역어인 공화주의(共和主義)의 어원이 된 '공화' 시기가 있었다.

아테네보다 앞선 민주주의의 시도 '공화'

『사기(史記)』의 「주본기(周本紀)」에는 기원전 8세기 무렵 주나라의 려왕(厲王)에 대한 일화가 있다. 려왕은 성격이 포악했고 오만하며 사치를 좋아했다. 때문에 민심은 왕을 외면했고 백성은 왕을 비난하기 시작했다. 소공(召公)이라는 충신은 왕의 폭정을 보다 못해 "백성들이 왕의 통치를 견디지 못하고 있습니다"며 간언했다. 그러나 소공의 간언에 려왕은 오히려 대노해 위(衛)나라의 신무(神巫)를 불러 백성을 감시하도록 했다. 신무는 백성을 철저히 감시했고 만약 왕을 비난하는 이가 있으면 곧바로 려왕에게 보고했다. 그러면 려왕은 자신을 비난한 백성을 가차 없이 죽였다.

　신무를 통한 려왕의 폭정이 이어지자 백성들은 두려움에 사로잡혀 한마디 말조차 할 수 없게 되었고 길을 지나다 서로 마주쳐도 눈짓만 주고받는 상황이 되었다. 그러자 려왕은 크게 기뻐하며 소공에게 "내가 비판을 막았으니 이제 그 누구도 감히 나를 함부로 비방하지 못할 것이다(吾能弭謗矣 內不敢言)"라고 말했다.

　그러나 소공은 물러서지 않고 "그것은 백성의 입을 막은 것에 불과합니다(是鄣之也). 백성의 입을 막는 것은 흐르는 물을 막는 것보다 심각한 일입니다(防民之口 甚於防川). 흐르는 물을 막으면 터져서 많은 사람이 다치게 됩니다(川壅而潰 傷人必多). 백성들 또한 이와 같습니다(民亦如之)"고 간언했다.

　그러나 려왕은 소공의 충언을 들으려 하지 않았다. 폭정은 계속되었고 백성들은 두려움에 떨며 아무 말도 하지 못했다. 그렇게 3년이 흐르자 결국 견디지 못한 백성들은 난을 일으켰다. 성난 백성들을 피해 려왕은 체(彘)나라(현재의 산시성 훠저우)로 도망가야 했고, 다시는 주나라로 돌아오지 못했다.

　려왕이 체나라로 도망가자 소공과 주공(周公) 두 상(相)이 정치를 돌보았다. 이 시기를 공화(共和)라 한다. 공화라는 명칭에 대해 중국의 고대 역사서인 『죽서기년(竹書紀年)』에는 다소 다르게 기술되어 있다. 려왕이 체나라로 도망가자 제후에게 추대된 공백(共伯) 화(和)라는 인물이 부재한 천자를 대신해 정무를 맡았다 해서 이 시기를 공화라 한다는 것이다.

'공화'의 정확한 어원에 대한 진실이 어떻든 간에 주나라의 공화 시기가 공화제의 어원이 된 것은 백성네 의해 왕이 쫓겨나고, 절대권력이 부재한 상태에서 여러 재상이 협의를 통해 나라를 통치했기 때문이다. 백성의 힘으로 왕을 몰아내고 백성의 지지를 받은 재상들이 구성한 권력이 협의를 통해 나라를 통치하는 형태가 시민의 지지를 통해 형성된 권력이 국가를 통치하는 오늘날 공화제와 매우 유사하다. 이러한 면에서 주나라의 공화가 오히려 아테네보다 더욱 민주주의에 가깝다고 볼 수도 있다.

서양 중심 사고에 좁혀진 시야

이렇듯 동양에도 충분히 철학적 사고와 민주주의의 싹이 움텄음에도 철학의 아버지는 탈레스고 민주주의의 모태는 아테네라 여겨지는 것은 지극히 서양 중심적 사고다. 김치는 일본에서는 기무치(キムチ), 미국에서는 킴치(kímtʃi)라고 부른다. 만약 일본의 어느 교수가 "미국에 가서 기무치를 달라고 했더니 못 알아들어서 킴치라고 하니 알아듣더라"며 영어 발음 교육의 중요성을 강조했다면 우리는 김치의 원조는 한국이고 김치(kimchi)가 맞는 발음이라고 주장하지 않을까? 이러한 서양 중심 사고를 통해서는 캘리포니아 오렌지는 볼 수 있지만, 인

도의 나랭기는 볼 수 없다. 그만큼 우리 사고의 폭을 좁게 만드는 것이다. 캔자스 대학교에서 석사를, 사우스캐롤라이나 대학교에서 박사학위를 받은 이경숙 위원장이 지식이 얕아서 오렌지/오린지를 거론한 것은 아닐 것이다. 다만, 미국에서 미국식 교육을 받고 미국식 사고를 하며 살아온 그에게 오렌지는 보여도 나랭기는 보이지 않았던 것뿐이지 않을까.

다시 말해 '오렌지/나랭기' 논의는 단순한 발음이나 원산지 논쟁이 아닌 지식의 패권과 인식의 종속성에 대한 비판적 고찰이라고 볼 수 있다. 이와 같은 논의로 이 글을 시작하는 이유가 여기에 있다. 이 글은 정치학 이론을 통해 한국 근현대사 정치 현상들을 쉽게 살펴보는 것을 목표로 하기 때문이다. 이를 위해서는 한국 정치를 분석하는 도구(이론)와 시야(인식)에 대한 근본적인 검토가 선행되어야 한다.

서구 중심의 지식 패권이 작동하는 방식은 대중이 흔히 소비하고 쉽게 기억하는 현상(미국에서 상업적으로 성공한 네이블 오렌지)이 그 현상의 본질적 기원이나 생산 맥락(인도 원산의 나랭기, 주스용 발렌시아 오렌지)을 가려버리는 것과 같다. 정치학에서도 마찬가지로 서구의 역사적 궤적 속에서 탄생한 민주화 이론이나 발전 이론을 한국의 특수한 상황에 무비판적으로 적용하는 행위는 캘리포니아 오렌지만을 바라보며 인도 나랭기를 간과하는 것과 같다.

이 글은 이러한 비판적 인식론적 기반 위에, 정치학의 핵심 이론과 개념을 도구 삼아 한국 근현대사의 복잡하고 역동적인 정치 현상들을 깊이 있고 쉽게 살펴보는 것을 목표로 했다. 서구의 시선이 아닌 한국의 맥락에서, 우리의 정치 현상을 가장 잘 설명할 수 있는 'K-민주주의 다시 보기'의 여정에 독자 여러분을 초대한다.

I

국가란
무엇인가?

모든 정치는
국가를 무대로
벌어진다

정치학에서 국가의 개념이 중요한 이유

국가는 정치학의 가장 근본적인 연구 대상이자 모든 정치 현상이 벌어지는 핵심적인 무대다. 모든 정치학 연구는 국가에서 출발한다고 해도 과언이 아니다. 그렇기에 국가에 대한 명확한 정의 없이 정치 현상에 대한 체계적인 분석과 이해는 불가능하다. 정치학에서 국가에 관한 규정이 중요한 이유는 크게 네 가지로 살펴볼 수 있다.

첫째, 국가는 연구의 출발점이자 분석의 핵심 단위다. 정치학은 '누가, 무엇을, 언제, 어떻게 갖는가?'에 대한, 즉 권력의 배분을 다루는 학문이다. 현대 사회에서 그 권력의 근원이자 가장 강력한 행위자가 바로 '국가'다. 따라서 국가를 정의하는 방식에 따라 정치학의 연구 범위와 대상이 결정된다. '국가란 무엇인가?'라는 질문에 답하지 않고는 민주주의, 권력, 복지,

전쟁 등 다른 어떤 정치적 개념도 논의하기 어려울 것이다.

둘째, 권력의 근원과 '정당성'의 원천 규명이다. 국가를 정의하는 과정은 '누가 통치하고, 왜 그 통치에 복종해야 하는가?'라는 근본적인 질문에 답하는 과정이다. 예를 들어 막스 베버(Max Weber)가 국가를 '물리적 강제력의 합법적 독점'으로 정의한 것은 국가 권력의 본질이 폭력에 있음을 보여주는 동시에 '합법성/정당성'이라는 중요한 개념을 제시한다. 이는 경찰의 체포나 세금의 징수와 같은 국가의 강제력과 조직 폭력배의 폭력을 구분하는 결정적 기준이 된다. 이처럼 국가의 정의는 권력의 정당성을 어디서 찾아야 하는지를 명확히 보여준다.

셋째, 국민의 권리와 의무 범위 설정이다. 국가를 어떻게 정의하느냐는 그 국가의 구성원인 국민의 삶에 직접적인 영향을 미친다. 국가의 역할을 '야경국가(소극적 역할)'로 보는지, '복지국가(적극적 역할)'로 보는지에 따라 정부의 정책 방향과 국민이 누릴 수 있는 권리의 범위가 달라진다. 또한, 국민이 국가에 대해 갖고 있는 납세, 국방 등의 의무 역시 국가의 정의와 역할 규정에 따라 그 범위와 강도가 결정된다.

마지막으로 국제 관계와 주권의 기준이다. 국제 사회에서 국가는 가장 기본적인 행위 단위다. 어떤 단체가 '국가'로 인정받느냐에 따라 국제법상의 지위, 외교 관계 수립, 국제기구 가입 등 모든 것이 달라진다. 예를 들어, 국가의 핵심 요건인 '주권'에 대한 명확한 정의가 있어야 한 국가의 영토 보전 원칙이 존중되고, 다른 국가의 내정간섭을 비판할 수 있는 근거가 마련된다. 아랍의 땅에 동의 없이 세워진 이스라엘과 이스라엘 영토의 일부에 아랍인들이 모여 사는 가자지구의 차이는 이를 선명히 보여준다.

국가, 나라, 정부의 구분

다른 개념과의 비교는 어떠한 개념을 명확히 이해하는 데 큰 도움을 주기도 한다. 국가 역시 유사한 개념인 나라, 정부와의 차이점을 살펴보는 것이 개념을 이해하는 데 큰 도움을 줄 수 있다.

한국어에서는 '나라'와 '국가'가 명확히 구분되어 사용되지 않지만, 영어로 'country'와 'state'는 명확히 다른 개념이다. state는 정치적·법률적 개념으로 '국가'에 좀 더 가까운 반면 country는 지리, 문화, 민족적 개념으로 '나라'에 가까운 개념이다. "대한민국은 민주공화국이다"라고 할 때는 state(국가), "한민족은 오랫동안 한반도에 모여 살았다"고 할 때는 country(나라)의 성격을 가진다.

정부(government) 역시 국가와 흔히 혼용되어 사용되는 개념이다. 하지만 '국가'와 '정부'는 정치학적으로 명확히 구분되는 개념이다. 비유를 통해 설명하면 국가가 '버스' 그 자체라면 정부는 특정 기간 버스를 운행하는 '기사'와 같다.

국가(state)는 국민, 영토, 주권(sovereignty), 정부라는 네 가지 요소로 구성된 영속적이고 포괄적인 정치 공동체다. 반면 정부(government)는 특정 시점에 국가의 주권을 위임받아 통치권을 행사하는 임시적이고 구체적인 조직이나 기관이다.

국가와 정부를 구분하는 것은 특히 중요한데, 그 이유는 다음과 같다. 첫째는 '정부에 대한 비판과 국가에 대한 충성'이다. 누구나 정부의 정책이나 활동을 비판할 수 있다. 이는 민주 시민의 당연한 권리다. 이러한 '정부에 대한 비판'이 '국가 자체에 대한 부정'이나 '반역'으로 여겨져서는 안 된다(12·3 비상계엄 당시 윤석열이 계엄의 이유로 거론했었던 '반국가 세력'이 그 대표적인 예다). 정부는 시민에 의해 선택(selected)되지만 국가는 국민, 영토, 주권, 정부를 요소로 형성(formed)되기 때문이다.

둘째, '국가의 주인은 국민'이기 때문이다. 정부는 국가의 주인이 아니라, 시민을 위해 일하는 '대리인(agent)'에 가깝다. 이 관계를 명확히 이해할 때, 시민은 정부를 감시하고 견제하며 더 나은 방향으로 나아가도록 요구할 수 있다.

그래서 국가란 무엇인가?

국가에 대한 정의는 학자마다 다소 다르지만, 학자들이 대체로 공유하는 베버의 정의에서 출발하는 것이 국가를 이해하는 좋은 방법일 수 있다. 베버에 의하면 국가는 '특정의 영토 내에서 정당한 물리적 폭력·강권력의 독점을 성공적으로 관철한 유일한 인간 공동체'이자 '폭력·강권력을 사용할 권리의 유일한 원천'이다. 여기서 가장 중요한 개념은 물리적 강제력의 독점(monopoly of physical force)과 정당성·합법성(legitimacy)이다.

국가는 경찰, 군대 등 폭력 수단을 독점적으로 소유하고 사용한다. 그리고 그 강제력의 사용이 정당하다고 국민에게 인정받거나, 최소한 그렇게 주장한다. 이 정당성은 전통, 카리스마, 혹은 법과 규칙에 근거해야 한다. 국가는 단순히 폭력을 독점한 조직(조폭 등)과 달리, 그 폭력 사용에 대한 정당성을 확보해야만 안정적으로 유지될 수 있다는 것이다.

신군부의 정당성을 획득하지 못한 폭력

전두환의 신군부 집권 과정은 베버가 말한 '물리적 강제력'과 '정당성'의 관계를 가장 극적으로 보여주는 사례다. 1979년 12월 12일 전두환 신군부의 군사 반란은 당시 대통령의 재가도 없이, 군대 내 사조직인 '하나회'를 중심으로 군 지휘권을 불법적으로 장악한 사건이다. 국가가 독점해야 할 '물리적 강제력'의 핵심인 군대를 일부 집단이 사적으로 탈취한 것이다. 신군부는 이렇게 군사력을 이용해 국가 권력을 찬탈하는 기반을 마련했다. 여기에는 어떠한 법적·민주적 정당성도 없었다.

신군부의 집권 시도에 대해, 1980년 5월 광주 시민들은 "불법적인 군사 반란 세력은 물러나라"며 이들의 정당성에 정면으로 부인했다. 즉, "너희가 사용하는 물리력은 합법적이지 않다"고 저항한 것이다.

이에 신군부는 국가가 독점한 총칼, 즉 물리적 강제력을 동원하여 시민들을 무자비하게 진압했다. 이는 베버의 이론에서 국가가 자신의 '독점적 지위'를 유지하기 위해 폭력을 사용하는 모습을 보여준다. 하지만 동시에 이 폭력은 시민들로부터 '정당성'을 전혀 인정받지 못한 폭력이었다. 5·18 광주민주화운동은 국가의 물리력 행사가 정당성을 잃었을 때 얼마나 비극적인 상황이 발생하는지를 명확히 보여준다.

신군부는 광주를 피로 진압하고 나서야 권력을 완전히 장악할 수 있었다. 그러고는 곧바로 자신들의 폭력 독점을 정당화하기 위해 사후적으로 합법성을 만들어 내는 작업에 착수했다. 우선 국가보위비상대책위원회(국보위)를 설치하여 입법, 사법, 행정을 모두 장악했다. 이어 체육관 선거를 통해 전두환이 스스로 대통령으로 선출되고, 새로운 헌법(제5공화국 헌법)을 제정했다.

이는 물리력으로 권력을 잡은 뒤, 법과 제도라는 '합법적-합리적 지배'의 외피를 억지로 만들어 자신들의 통치를 정당화하려 한 전형적인 시도다. 이처럼 12·12 군사반란과 5·18 광주 민주화운동을 통해 집권한 전두환 신군부의 등장과 유지 과정은 국가의 본질인 '물리력'과 '정당성'이 극단적으로 분리되고 충돌하며 재결합하려는 전형적인 과정을 보여준다.

국가의 형성

그들만의 리그, 베스트팔렌 조약

　　세르비아와 크로아티아는 다뉴브강을 사이에 두고 크고 작은 국경분쟁을 겪고 있다. 다뉴브강 서쪽 가장자리에는 면적이 약 7km² 정도 되는 시가(Gorr.ja Siga)라는 작은 섬이 있다. 그런데 다른 지역, 특히 다뉴브강 동쪽 가장자리 지역에 대해서는 세르비아와 크로아티아가 서로 자신의 영토라 주장하며 분쟁을 이어가지만, 유독 시가섬에 대해서는 양국 모두 영유권을 부인하고 있다. 그 이유는 이 작은 섬에 대하여 영유권을 주장했다가 이것이 상대국을 자극하여 전쟁으로 비화할 것을 우려하고 있기 때문이다. 그러다보니 양국 모두가 이 섬이 서로 자신의 영토도 상대의 영토도 아니라는 모순된 주장을 하는 것이다. 영유권을 주장하는 국가가 없으니 이 섬은 주인 없는 땅, 무주지(無主地, terra nullius)인 셈이다.

무주지에서의 국가 선포

2015년 4월 13일 무주지인 시가에 재미있는 사건이 발생했다. 체코의 정치인 비트 예들리치카(Vít Jedlička)가 시가에 들어가 국가를 선포한 것이다. 그는 시가에 국기를 꽂고 리버랜드 자유 공화국(체코어: Svobodná republika Liberland)을 선포했다. 그는 "공산주의, 신나치주의, 극단주의 세력을 제외한 사람은 누구나 와서 국민이 될 수 있다"라는 헌법을 발포하고 홈페이지를 만들어 이민까지 접수했다. 그러나 크로아티아 정부는 리버랜드를 인정하지 않았고 비트 예들리치카는 결국 크로아티아 경찰에 체포되기까지 했다.

아프리카 지역에도 비슷한 사례가 있다. 비르 타윌(Bir Tawil)은 이집트 남부와 수단 북부 국경지대에 있는 무주지다. 면적은 2,060km²로, 제주도(1,846km²)보다 조금 넓다. 아프리카를 식민 지배했던 영국은 1899년, 이집트와 수단의 경계를 북위 22도 선을 기준으로 정했다. 할라이브(Hala'ib Triangle)는 이집트와 수단 국경에 위치한 지역인데, 22도 선을 기준으로 국경을 정한다면 이집트 영토가 된다. 하지만 할라이브 지역 유목민을 관할하기에 이집트보다 수단의 하르툼 총독이 낫다고 생각한 영국은 3년 후인 1902년 기존 북위 22도를 기준으로 한 국경은 그대로 유지한 채 할라이브 지역만 수단 영토로 바꾸어 버렸다. 그러면서 수단 영토에 속해 있던 비르 타윌을 이집트

1장 국가란 무엇인가?

영토로 편입시켰다. 할라이브를 수단에 넘긴 대신 비르 타월을 이집트에 준 것이다.

그러나 문제는 할라이브가 비르 타월에 비하면 면적도 10배 가까이(20,580km²) 될 뿐 아니라 바다에 인접해 무역이나 농업에도 훨씬 수월하다는 점이었다. 특히 할라이브에는 다수의 지하자원도 매장되어 있어 지금도 이집트는 1899년 국경선을, 수단은 1902년 국경선을 주장하고 있다. 1902년 국경선의 변경을 통해 할라이브는 이집트에서 수단으로, 비르 타월은 수단에서 이집트로 각각 영유권이 변경되었으므로 이집트와 수단은 모두 할라이브와 비르 타월의 소유권을 동시에 주장할 수 없게 되었다. 따라서 서로 할라이브의 영유권만 주장하다 보니 자연스럽게 비르 타월은 아무도 영토를 주장하지 않는 무주지가 된 것이다.

비르 타월은 이집트와 수단 모두 영토를 주장하지 않지만, 실효 지배는 이집트가 하고 있다. 그렇다고 하더라도 형식상 무주지다 보니 다뉴브강의 시가섬과 같은 엉뚱한 일이 발생하기도 한다. 비르 타월을 지배한다고 주장하는 이들이 나타난 것이다. 어느 날 미국 출신인 제레미아 히튼이라는 사람이 비르 타월에 북수단 왕국을 건립하고 농업 학자들을 모집해 황무지를 농경지로 개간하려 했다.

리버랜드와 북수단 왕국 모두 무주지를 선점해 국가를 선포했기에 그들의 주장이 타당해 보이기도 한다. 하지만 이들 모두 국가 수립에는 실패했다. 리버랜드는 크로아티아에 의해, 북수단 왕국은 이집트의 실효 지배에 의해 국가 수립이 좌절되었다. 그렇다면 크로아티아와 이집트는 어떠한 권한으로 이들 국가의 수립을 방해한 것일까?

1618년 유럽에서는 신성 로마 제국(오늘날의 독일 지역) 내에서 가톨릭을 강요하는 황제에 맞서 개신교(프로테스탄트) 제후들이 반란을 일으키면서 30년 전쟁이 시작되었다. 시작은 종교의 자유였지만 전쟁이 길어지면서 종교는 명분에 불과하게 되었다. 프랑스는 가톨릭 국가임에도 불구하고, 경쟁자인 합스부르크 가문(신성 로마 제국과 스페인을 지배)의 세력을 약화하기 위해 개신교 편에 가담했다. 이후 덴마크, 스웨덴 등 주변 국가들 역시 각자의 영토와 패권이라는 정치적·경제적 이익을 위해 개입하면서 유럽 대륙 거의 전체가 휘말린 처참한 국제 전쟁으로 확대되었다. 30년 전쟁으로 신성 로마 제국은 인구의 30% 이상이 사망할 정도로 초토화되었고, 결국 유럽 전체가 극심한 피로감에 지쳐 전쟁을 끝내기 위한 협상이 시작되었다.

30년 전쟁의 종식, 베스트팔렌 조약

1648년 유럽은 베스트팔렌 조약(Peace of Westphalia)을 통해 30년 전쟁의 마침표를 찍을 수 있었다. 수년간의 협상 끝에 독일 베스트팔렌 지방의 두 도시(오스나브뤼크, 뮌스터)에서 체결된 조약의 주요 내용은 다음과 같다. 첫째, 종교의 자유를 인정했다. 각 제후의 종교가 그 영지의 종교를 결정한다는 1555년 아우크스부르크 종교평화조약의 원칙을 재확인하며, 이를 통해 기존에 인정되던 루터파뿐만 아니라 칼뱅파에도 동등한 종교적 권리가 부여되었다. 이로써 유럽에서 대규모 종교 전쟁의 시대는 막을 내리게 되었다. 둘째, 영토 조정 및 국가 독립 승인이다. 프랑스는 알자스 지방을 획득하고, 스웨덴은 북독일의 영토를 얻는 등 승전국의 영토가 확장되었다. 스위스와 네덜란드는 신성 로마 제국과 스페인으로부터 각각 공식적으로 독립을 인정받게 되었다. 셋째, 독일 제후국들의 주권이 인정되었다. 이를 통해 신성 로마 제국 내 300여 개의 제후국(연방 국가)들이 각자의 영토 내에서 완전한 주권을 행사할 수 있게 되었다. 이들은 독자적으로 법을 만들고, 조약을 체결하며, 외교 관계를 맺고, 전쟁을 선포할 권리를 갖게 되었다. 이는 사실상 신성 로마 제국 황제의 권력이 명목상으로만 남게 되고 제국이 해체되는 결과를 낳았다.

베스트팔렌 조약의 역사적 의미는 매우 중요하다. 이 조약은 단순히 하나의 전쟁을 끝낸 평화 조약을 넘어, 중세 시대를 마감하고 오늘날 우리가 아는 '주권 국가' 중심의 근대 국제 질서를 탄생시킨 역사적인 대사건이다. 베스트팔렌 조약은 오늘날 국제 관계의 기초를 형성했다. 우선 조약을 통해 '주권(sover-eignty)'이라는 개념이 국제 관계의 핵심 원칙으로 확립되었다. 각 국가는 자신의 영토 내에서 최고의 권력을 가지며, 다른 국가는 그 내부 문제(특히 종교)에 간섭할 수 없다는 '내정 불간섭 원칙'이 탄생했다. 이는 중세 시대의 보편적 권력(교황과 황제)이 사라지고, 동등한 주권을 가진 국가들이 국제 사회의 기본 단위가 되는 시대를 열었음을 의미한다.

다음으로 조약의 결과 종교와 정치가 분리되기 시작하였다. 국가의 정책 결정에서 종교적 명분보다 국익과 세력 균형이라는 현실주의적 외교가 우선시되기 시작한 것이다. 교황의 권위는 크게 약화되었고, 정치는 종교로부터 점차 분리되었다.

마지막으로 근대적 다자 외교 회의의 탄생이다. 베스트팔렌 조약의 체결 과정은 전쟁에 참여한 거의 모든 국가의 대표들이 한자리에 모여 수년간의 협상을 통해 국제 문제를 해결한 최초의 사례였다. 이는 미래의 국제회의 및 외교의 전형이 되었다.

이처럼 베스트팔렌 조약은 근대적 국가 형태와 국가가 주인공이 되는 국제정치를 형성한 매우 중요한 역사적 사건이다. 그런데 조약이 만들어 낸 의외의 부작용도 있었다. 국가의 탄생이 단순히 법적 요건이나 물리적 힘의 문제를 넘어, 기존 국가들이 만들어 놓은 '국제 질서'라는 클럽에 가입하는 과정이 되었다는 것이다.

리버랜드와 북수단 왕국은 무주지에서 국가를 선포했지만 독립 국가로 나아가지는 못했다. 베스트팔렌 조약의 관점에서 볼 때, 리버랜드의 실패는 기존 주권 국가들이 형성해 놓은 질서에 편입되는 것에 완전히 실패했기 때문이다.

리버랜드와 북수단 왕국은 시가와 비르 타윌이 주인 없는 땅이라고 주장했다. 하지만 베스트팔렌 체제 이후, 지구상의 거의 모든 영토는 기존 주권 국가들의 소유로 분할되었다. 한 국가가 영유권을 포기한다고 해서 그 땅이 즉시 '주인 없는 땅'이 되는 것이 아니라, 인접 국가와의 협상이나 국제법적 절차를 통해 귀속이 결정되어야 하는 것이다. 크로아티아와 세르비아는 리버랜드의 주장을 무시하고 해당 지역을 자신들의 주권 문제로 다루고 있다. 비르 타윌에 대한 이집트의 태도 역시 마찬가지다. 이는 '주인 없는 땅'이라는 리버랜드와 북수단 왕국의 건국 명분 자체가 기존 국제 질서 속에서 성립할 수 없음을 보여준다.

베스트팔렌 조약, 그들만의 리그

결국 주권은 '선포(宣布)'가 아닌 '인정(認定)'을 통해 완성된다. 잠시 국가에 대한 베버 이론으로 돌아가 보면, 국가의 '정당성'은 내부 구성원(국민)으로부터 인정을 받음으로써 성립한다. 하지만 베스트팔렌 체제는 여기에 '외부 구성원(다른 국가)

으로부터의 인정'이라는 또 다른 차원의 정당성을 요구한다. 특정 지역에 거주하는 주민들의 동의를 얻어도 주변국의 승인을 얻지 못하면 국가의 지위를 가질 수 없다는 것이다. 이는 후에 제국주의 식민 지배와 강대국들의 남미 쟁탈전에서 크게 문제가 된다.

리버랜드와 북수단 왕국은 UN 회원국으로부터 어떠한 공식적인 인정도 받지 못했다. 이는 다른 주권 국가들이 리버랜드와 북수단 왕국을 자신들과 동등한 '주권적 파트너'로 받아들이지 않겠다는 명백한 의사 표시다. 국제 사회는 리버랜드와 북수단 왕국을 국가가 아닌, 한 개인의 정치적 퍼포먼스로 간주할 뿐이다.

결국 베스트팔렌 조약에 의해 주권국 간 내정 불간섭 원칙이 확립되었지만, 이는 어디까지나 그 체제 내에서 승인된 주권국가에 한정되는 원칙에 불과하다. 현대 국제정치에서 국가의 형성은 베스트팔렌 체제에 의해 성립 및 인정된 국가들에 의해 승인 되어야만 국가의 지위를 갖게 되는, 그들만의 리그인 것이다.

국가, 민족, 국민국가

이상적 국민국가에 대한 비뚤어진 환상

"저는 북한 공산 세력의 위협으로부터 자유대한민국을 수호하고 우리 국민의 자유와 행복을 약탈하고 있는 파렴치한 종북 반국가 세력들을 일거에 척결하고 자유 헌정질서를 지키기 위해 비상계엄을 선포합니다"

윤석열은 2024년 12월 3일 22시 23분 TV 생중계를 통해 비상계엄 선포 대국민 담화를 발표하였다. 윤석열이 비상계엄을 선포한 핵심 사유는 '반국가 세력의 척결'이었다. 곧바로 계엄사령부의 포고령이 발표되고 계엄군이 국회 경내로 무장 진입하였다. 다행히 국회는 신속하게 비상계엄 해제 요구 결의안을 가결했다. 윤석열은 포고령 발표 5시간 30분 만인 12월 4일 5시 4분 국무총리실을 통해 국무회의의 계엄 해제안 의결을 발표했다.

이렇게 윤석열은 '반국가 세력의 척결'을 내세워 비상계엄을 선포한 대통령으로 기록됐다. 그는 2024년 12월 14일 탄핵소추안이 재적의원 3분의 2 이상인 204명의 찬성으로 국회에서 통과됨으로써 대통령 직무가 정지되었다. 그리고 비상계엄을 선포한 지 네 달만인 2025년 4월 4일 헌법재판소에 의해 탄핵되면서 대통령직을 박탈당했다.

전두환 신군부의 비상계엄 이후 40년 이상 성숙해 온 민주주의 국가 대한민국에서 다시 계엄 상황이 발생할 것이라 예상한 이는 많지 않았다. 설사 계엄이 발생한다 해도 성공할 것이라 믿은 이는 더더욱 적었을 것이다. 그럼에도 윤석열은 비상계엄을 단행했고 5시간 30분 만에 실패하고 말았다. 윤석열의 비상계엄은 풍차를 향해 돌진한 돈키호테와 같이 '반국가 세력의 척결'이라는 망상에 사로잡힌 대통령의 무모한 만용에 불과했다. 하지만 그가 내세웠던 '반국가 세력의 척결'은 민주주의 대한민국에 많은 고민거리를 남겨 주었다.

국민국가의 균열을 이용한 국민의 분열

윤석열의 '반국가 세력'은 국민국가(國民國家, nation-state)를 전제로 한다. 국민국가는 문화적·혈연적 공동체인 '민족(nation)'의 경계와 정치적·법적 공동체인 '국가(state)'의 경계가 일치하는 이상적인 상태를 말한다. 물론 혈연, 출신 지역, 조상,

언어, 전통 등의 요소로 구성되는 단일 정체성을 공유하는 집단인 에스닉 그룹(ethnic group)에 기반한 민족주의(ethnic nationalism)가 아닌 특정 국가의 국적(citizenship)을 가진 사람들을 지칭하는 시민 내셔널리즘(civic nationalism)을 지칭하는 때도 있지만 우리나라의 경우 전자의 성격이 압도적으로 강하다.

대한민국은 역사적으로 세계에서 가장 강력하고 전형적인 '국민국가'의 모델로 여겨지고는 한다. 우리는 모두 단군 할아버지의 후손이라는 단군신화에 기반한 강력한 민족적 동질성에 외세의 침략에 맞서 수천 년간 한반도에서 단일한 정체성을 유지해 왔다는 역사의식이 더해진 결과다. 이러한 배경 때문에 한국인의 정서에는 '민족'과 '국가'를 동일시하는 경향이 깊이 뿌리내리게 되었다.

하지만 강력한 국민국가라는 대한민국의 모델은 내외부에서 심각한 균열을 맞이하고 있다. 우선 내부적 균열은 빠르게 진행되어 가고 있는 다문화 사회가 그것이다. 국제결혼과 이주 노동자의 증가는 대한민국의 '한민족 혈통'이라는 신화를 위협하고 있다. 대한민국은 이미 단군 할아버지의 자손, 즉 한민족 혈통이 아닌 국민을 다수 포함하는 다문화 사회로 변화하고 있다. 다문화 사회로의 진화는 민족과 국민이 동일하다는 신념을 흔들고 있다. 대한민국의 전통적인 국민국가 모델이 내부에서 균열되고 있는 것이다.

다음으로 외부적 균열은 남북 분단이다. 이는 하나의 민족이 두 개의 국가로 분단된 상황이다. 대한민국과 조선민주주의인민공화국은 각자 자신이 한반도 유일의 합법 정부, 즉 '한민족 전체를 대표하는 국민국가'라고 주장하며 체제 경쟁을 벌여 왔다. 대한민국 헌법 제3조는 "대한민국의 영토는 한반도와 그 부속도서로 한다"고 선언하고 있다. 북한 지역도 대한민국의 영토라는 것이다. 당연히 대한민국 영토에 사는 북한 주민 역시 대한민국 국민이다. 이러한 관점은 북한 역시 다르지 않다.

'반국가 세력'은 이러한 분단이라는 외부적 균열을 교묘하게 비집고 들어가 논란을 폭발시킨다. 윤석열이 '반국가 세력의 척결'을 외칠 때 대한민국 국민은 분단된 국민국가의 모순 속에서 개인이 어떤 '국가'에 충성하고 어떤 '민족'의 미래를 지향해야 하느냐는 질문을 마주하게 된다.

윤석열은 "당신은 대한민국 국적을 가진 '국민'으로서 현존하는 국민국가인 대한민국(The Republic of Korea)에 충성해야 한다. 하지만 반국가 세력은 대한민국을 부정하고, 우리 민족을 대표할 자격이 없는 또 다른 국가(북한)를 추종하거나, 그들의 방식으로 민족의 미래를 설계하려 한다. 이는 당신이 속한 국민국가에 대한 배신이다"고 외친 것이다.

결국 '반국가 세력' 논쟁은 하나의 민족이 두 개의 국가로 분단된 모순적 상황에서 발생하는 '충성심의 충돌'이다. 한쪽에

1장 국가란 무엇인가?

서는 자유민주주의 체제를 가진 현실의 국민국가 '대한민국'을 지키는 것이 최우선이라고 주장한다. 이 입장에서 다른 체제를 지향하는 것은 '반국가 세력'이 된다. 반면 다른 한쪽에서는 '민족'의 개념을 더 우선시하며, 분단 체제를 극복하고 민족 전체가 하나 되는 통일을 지향해야 한다고 주장한다. 이 과정에서 이념적 지향점이 북한과 가까워질 경우, 앞선 입장에서는 이를 '반국가 세력'으로 규정하게 된다.

국민의 분열을 이용한 국민의 배제

하지만 윤석열의 '반국가 세력'은 '국민국가의 분열'에서 한 걸음 더 나아간다. 본래 국민국가에서 국민은 해당 국가의 국적(citizenship)을 가진 모든 구성원을 의미하는 법적, 포괄적 개념이다. 하지만 '반국가 세력' 논리는 여기에 암묵적인 조건(이념)을 추가한다.

"진정한 국민이라면 마땅히 대한민국의 자유민주주의 체제를 긍정하고 수호해야 한다"

이 논리 안에서 '국민'은 단순히 국적 소유자가 아니라, 국가의 핵심 이념(자유민주주의)에 동의하고 충성하는 사람으로 그 의미가 축소된다. 국가의 체제에 반대하거나 다른 이념을 가진 사람은 국적은 유지하고 있을지언정, '진정한 국민'의 자격에는 미달하는 존재, 즉 '자격 미달의 국민'으로 규정된다.

윤석열은 '진정한 국민'의 범주에서 밀려난 이들을 단순히 '의견이 다른 국민'이 아닌, 국가의 존립을 위협하는 '내부의 적(internal enemy)'으로 몰아세웠다. '반국가 세력'이라는 명칭 자체가 이를 명확히 보여준다. 윤석열에 의해 내부의 적, 즉 '반국가 세력'으로 지목된 이들은 외부의 적(북한)과 연계되어 있거나, 그들의 이익을 대변하여 내부에서부터 국가를 전복시키려는 위험한 집단으로 낙인찍혔다.

윤석열은 "'내부의 적'이 된 '자격 미달의 국민'은 더 이상 정상적인 국민의 헌법적 권리를 누릴 자격이 없다. 국가의 생존을 위해, '진정한 국민'을 보호하기 위해 이들의 기본권을 일시적으로 정지시키고 이들을 사회로부터 격리·무력화해야 한다"며 계엄을 선포했다.

즉, 윤석열의 계엄은 특정 국민 집단을 법의 보호를 받는 동등한 주권자에서 국가 안보를 위해 통제하고 관리해야 할 위험 대상으로 전락시키는 행위였다. 국적을 박탈하는 법적 배제는 가장 강력한 '정치적·권리적 배제'인 셈이다.

국민국가의 분열을 이용한 국민의 배제를 멈추려면

결론적으로, 윤석열의 '반국가 세력을 이유로 한 계엄' 주장은 대한민국이라는 국민국가를 어떤 방향으로 이끌고 갈 것인가에 대한 두 가지 비전의 충돌을 극명하게 보여준다.

윤석열과 그의 내란을 동조한 세력은 국가의 존립을 위해 이념적 동질성이 확보되어야 하며, 체제에 위협이 되는 반대 세력은 '국민'의 이름으로 과감히 배제하고 축출해야 한다는 배타적·동질적 국민국가의 길을 선택했다. '반국가 세력의 척결' 논리는 정확히 이 시각에 기반한다.

　하지만 대한민국 국민은 포용적·다원적 국민국가의 길을 선택했다. 민주주의 국가란 다양한 사상과 이념이 공존하며, 폭력적 수단이 아닌 이상 아무리 급진적인 주장이라도 토론과 민주적 절차를 통해 해결해야 한다. 이 시각에서 '반국가 세력'이라는 규정 자체는 민주주의의 근간인 사상의 자유를 억압하는 위험한 딱지 붙이기에 불과하다.

　따라서 윤석열이 '반국가 세력의 척결'을 계엄의 사유로 내세운 것은, 국가의 위기를 명분으로 '국민'의 범위를 자의적으로 축소하고, 특정 이념을 기준으로 국민을 '우리'와 '적'으로 나누어 일부를 배제하려는 위험한 논리다. 국민국가의 분열을 이용해 특정 국민을 배제하려다 국민에 의해 쫓겨난 윤석열이라는 빌런은 언제든 또다시 분열의 틈을 파고들어 다시 등장할 수 있다. 민주주의를 위협하는 또 다른 빌런을 막아내고자 한다면 다문화 사회 대한민국에서 국민을 통합하고, 남북 분단의 현실에서 평화 체계를 확립하는, 국민국가의 분열을 메우는 작업이 우선되어야 할 것이다.

II

국가 권력은 누구에게서 나오나?

정부의 형태

민주주의, 그 다양한 옷

민주주의는 구조(構造, system)가 아닌 체제(體制, regime)다. 민주주의는 국가의 권력이 국민의 뜻에 따라 정해진다는 의미일 뿐 그 권력이 어떠한 형태를 가지는지를 말해 주지 않는다. 대한민국 헌법 제1조 제1항 "대한민국은 민주공화국이다"는 대한민국의 체제를, 제66조 제1항 "대통령은 국가의 원수이며, 외국에 대하여 국가를 대표한다"는 정부의 구조를 규정한다. 오늘날 국가 대부분은, 심지어 독재국가도 민주주의를 표방한다. 하지만 민주주의 국가라 하더라도 권력을 집행하는 주체와 정치권력이 작동하는 방식, 즉 정부 구조는 다양할 수 있다.

정부 구조는 네 가지 특징을 기준으로 구분해 볼 수 있다. 첫 번째는 누구에게 최고 권위가 부여되는가다. 통치 주체에 따라 국왕이 주권을 독점하는 군주제(monarchy)와 다수가 지배하는 공화제(republic)로 구분할 수 있는데, 오늘날 국왕이 실제로 통치권을 행사하는 경우는 브루나이, 부탄, 오만, 사우디아라비아 등 소수 국가에 불과하다. 대부분의 국가에서 국왕은 국가원수로서 지위만 가질 뿐 실제 통치는 선거를 통해 선출된 총리가 맡는 입헌군주제를 채택하고 있다. 영국, 일본, 네덜란드, 노르웨이, 덴마크, 룩셈부르크, 스페인, 스웨덴, 벨기에, 모나코 등이 여기에 해당한다. 호주, 뉴질랜드, 캐나다 등은 영국 왕을 국가 원수로 삼고 있다. 입헌군주제와 유사하게 대통령은 국가원수(head of state)로서 대외적으로 국가를 대표하고 국민통합의 상징으로서만 존재하고 실질적 통치형위는 행정 수반(head of government)이 행사하는 통치 형태도 존재하는데, 내각제 국가가 이에 해당한다. 반면 대통령제는 두 직책이 통합된 형태다.

두 번째는 권력의 배분이다. 몽테스키외(Montesquieu)는 『법의 정신(De l'Esprit des Lois)』에서 권력의 남용으로부터 시민의 정치적 자유를 지키는 방법으로 입법권(입법부)·집행권(행정부)·재판권(사법부)의 3권분립을 주장했다. 대통령제는 권력이 입법(국회), 행정(대통령을 수반으로 하는 행정부), 사법(법원)으로 분산된 대표적인 경우다. 우리나라는 제1공화국(1948년 제정 헌법)에서 대통령제를 규정한 이후 1960년 제3공화국을 제외하고는 대통령제를 채택하고 있다. 내각제는 의회 권력과 행정 권력이 융합된 형태다. 우리나라는 4·19 혁명에 의한 제2공화국 헌법(1960년 3차 개정)에서 내각책임제를 도입한 바 있다. 그러나 1961년 박정희의 5·16 군사정변에 의해 대한민국이 국가재건최고회의에 의한 군사독재 체제로 전환되며 막을 내리고 말았다.

의회 역시 권력이 몇 개로 구성되느냐에 따라 단원제(unicameral)와 양원제(bicameral)로 구분할 수 있다. 우리나라는 1948년 제1공화국 제헌 헌법에서 단원제를 도입했다. 이후 1952년 개헌(제1차 개정, 발췌개헌)에서 민의원과 참의원으로 구성된 양원제로 변경했다. 당시 민의원의 임기는 4년, 참의원은 6년이었는데, 참의원의 경우 2년에 한 번씩 의원 3분의 1을 선출했다. 이후 1962년 개헌(5차 개헌, 제3공화국)에서 다시 단원제로 변경되었다.

세 번째는 권력 부여의 기간이다. 군주제 국가에서 국왕은 종신직이다. 내각제 국가에서 총리는 제한된 임기 없이 선거에서 승리한다면 계속하여 임기를 유지할 수 있다. 반면 대통령은 임기와 연임 횟수가 정해져 있다. 우리나라는 제1공화국(1948)은 4년 중임제, 제2공화국(1960)은 5년 중임제, 제3공화국(1962)은 4년 중임제로 시작하여 3연임제(1969)를 거쳐 1972년에는 아예 임기를 6년으로 늘리면서 연임 제한을 폐지하였다. 제5공화국(1980)에서는 7년 중임제로 변경하였고 제6공화국(1987)에 이르러서는 현재와 같은 5년 단임제를 도입하였다.

2장 국가 권력은 누구에게서 나오나?

네 번째는 권력 위임의 방식이다. 극민이 직접 최고 권력자를 선출하는 직선제와 의회를 통해 선출하는 간선제로 구분할 수 있다. 제1공화국의 제헌 헌법과 통일주체국민회의가 대통령을 선출한 1972년 유신헌법 그리고 제5공화국의 8차 개정헌법이 간선제를 채택한 바 있다.

한국의 헌법 개정 연혁

연도	헌법 개정	주요 내용
1948	제헌 헌법(제1공화국)	대통령 간선제와 단원제 국회, 대통령 임기 4년 1회 중임
1952	1차 개정(발췌 개헌)	정·부통령 직접선거, 국회의 양원제, 국무원책임제
1954	2차 개정(사사오입 개헌)	국민투표제, 초대 대통령의 중임제한 철폐, 국무위원의 개별적 불신임제, 국무총리제 및 국무위원 연대책임 폐지
1960	3차 개정(제2공화국)	내각책임제, 헌법재판소 신설, 대법관의 선거제, 중앙선관위의 헌법상 기관화, 대통령 임기 5년 1회 중임
1960	4차 개정	부정선거관련자와 반민주행위자의 공민권 제한, 부정축재자의 처벌에 관한 소급입법의 부여, 이에 관한 형사사건을 담당할 특별재판부와 검찰부 설치
1962	5차 개정(제3공화국)	대통령중심제, 대법원의 정당해산권, 기본권 규정의 상세화, 법원의 위헌법률심사권, 대통령 임기 4년 1회 중임
1969	6차 개정(3선 개헌)	국회의원 정수의 증가. 국회의원의 국무총리 및 국무위원의 겸임 허용, 대통령 임기 4년 3기 재임 허용
1972	7차 개정(유신헌법)	통일주체국민회의 설치, 대통령의 권한 강화와 국회의 권한 약화, 헌법개정절차의 이원화, 대통령 임기 6년 재임 제한 규정 폐지
1980	8차 개정(제5공화국)	대통령 간선제와 7년 중임제, 국회의 권한 회복
1987	9차 개정(제6공화국)	대통령 직선제와 5년 담임제, 대통령의 비상조치권 및 국회해산권 폐지, 국회의 국정감사권 부활, 헌법재판소 신설

이 외에도 살펴볼 만한 정부구조는 대통령과 총리에게 실질적 권력이 배분되는 이원정부제 등이 있는데 이에 관해서는 뒤에서 별도로 다시 이야기하도록 하겠다.

미국 최고의 발명품, 대통령제

첫 단추를 잘 끼우는 것이 중요한 이유

미국은 1781년 독립전쟁에서 13개 식민지가 상호 우호 동맹을 맺기 위한 최초의 헌장인 연합규약을 비준했다. 그리고 같은 해 영국군과의 마지막 주요 지상 전투였던 요크타운 전투에서 승리하며 사실상 독립전쟁의 승전국이 되었다. 미국의 독립은 1783년 파리 조약을 통해 공식적으로 확인되었다. 이후 연합규약은 보다 효과적인 연방 정부 수립을 골자로 하는 미국 헌법이 1789년에 비준되면서 효력을 상실했다. 연합규약 시대(Confederation period)는 독립 전쟁 이후로부터 헌법이 비준되기 이전인 1780년대의 미국을 가리킨다.

연합규약 시대는 미국 역사에서 '비판적 시기(The Critical Period)'라 불린다. 이 시기는 강력한 중앙 권력에 대한 극도의 공포가 어떻게 실패로 이어졌는지를 보여주는, 미국 건국 과정의 필수적인 '성장통'이자 '교훈'이었다.

영국으로부터 독립한 미국 시민들은 영국 국왕 조지 3세와 영국 의회의 압제에 대한 강한 반감을 가지고 있었다. 미국 시민들은 자신들이 선출한 대표를 인정하지 않는 멀리 떨어진 중앙 정부가 세금을 부과하고, 군대를 주둔시키며, 자유를 억압하는 것을 직접 경험했다. 이 때문에 그들은 '또 다른 왕'이나 '미국판 폭압 의회'가 탄생하는 것을 병적으로 두려워했다.

당시 13개 식민지는 '미국'이라는 단일 국가의 국민이라는 정체성보다, '버지니아인', '매사추세츠인' 등 각자 속한 독립된 주(state)의 시민이라는 의식이 훨씬 강했다. 이들은 독립된 13개의 나라가 공동의 목표(독립 전쟁)를 위해 느슨하게 뭉친 것으로 생각했다. 따라서 연합규약의 목표는 단일 국가 건설이 아닌, 각 주(州)의 주권과 독립을 최우선으로 보장하는 '주들의 굳건한 우호 동맹'을 맺는 것이었다.

연합규약의 탄생, 혼란의 시작

이러한 배경 속에서 1777년 연합규약이 작성되었고, 주들 간의 이해관계(특히 서부 영토 소유권 문제)로 인한 진통 끝에 1781년 공식적으로 비준되었다. 그 내용은 중앙 권력을 철저히 배제하는 방향으로 설계되었다.

연합규약 아래의 정부는 의도적으로 '이빨 없는 호랑이'처럼 만들어졌고, 이는 곧 국가 운영의 총체적 실패로 이어졌다. 국가를 대표하고 법을 집행할 행정부 수반이 없었고, 주들 간의 분쟁을 해결할 연방 사법 체계 또한 존재하지 않았다. 그나마 유일한 중앙 기구였던 연합 의회는 무기력했다.

연합 의회는 국가 운영에 필요한 자금을 주 정부에 '요청(requisition)'할 수만 있을 뿐, 직접 세금을 걷을 권한은 없었다. 당연히 대부분 주는 이 요청을 무시했다. 각자 다른 관세를 부여하고 화폐를 남발하여 주들 간의 교역은 마비되고 경제는 극심한 혼란에 빠졌다. 그러나 연합 의회에는 주들 간 교역을 통제할 권한이 없었다. 특히 중요한 법안은 13개 주 중 9개 주의 동의가, 규약 개정은 만장일치가 필요했는데, 이는 사실상 어떠한 개혁 조치도 의결할 수 없는 구조였다.

연합규약 체제의 무기력함은 미국 사회를 혼란에 몰아넣었다. 전쟁 빚을 갚지 못해 국가 신용도는 바닥에 떨어졌고, 급료를 제대로 받지 못한 군인들의 불만은 폭발 직전이었다. 주마다 다른 화폐와 관세로 상인들은 파산 직전에 내몰렸다. 특히 이러한 문제는 국제정치에서 더욱 두드러졌다. 연합규약 체제의 무기력함을 간파한 열강들은 미국을 무시했다. 영국은 파리 조약에서 약속한 북서부 요새 철수를 거부했고, 스페인은 미국 서부 개척의 생명줄인 미시시피강의 항해를 막아버렸다.

이러한 사회적 혼란은 반란으로 이어졌는데, 셰이즈의 반란

(Shays' Rebellion, 1786~1787)이 대표적이다. 과도한 세금과 빚에 시달리던 매사추세츠주의 농민들이 전직 군인 대니얼 셰이즈의 주도하에 봉기하여 법원을 점거하는 사건이 발생했다. 하지만 연방 정부는 반란을 진압할 군대도, 권한도 없었다. 결국 매사추세츠주 정부가 민간 상인들에게 돈을 빌려 자체적으로 군대를 조직하고 나서야 간신히 진압할 수 있었다.

셰이즈의 반란은 미국 전역의 지도자들에게 엄청난 충격을 주었다. 자유를 지키기 위해 만든 정부였지만, 세금 징수권도 없는 무력한 정부는 오히려 국민의 생명과 재산조차 지키지 못하는 무정부 상태를 초래할 수 있다는 뼈아픈 현실을 깨닫게 된 것이다.

실패로부터의 교훈, 왕이 아닌 대통령의 탄생

미국의 대통령제는 왕정에 대한 극도의 반감과 불신 속에서 탄생한, '왕이 되지 않을 강력한 지도자'를 만들기 위한 고심의 산물이었다. 제헌 헌법을 통해 그 '설계도'가 만들어졌다면, 초대 대통령 조지 워싱턴(George Washington)은 자신의 행동으로 그 설계도를 '살아있는 모델'로 완성시킨 주역이었다.

그러나 셰이즈의 반란과 같은 국가 존립의 위기 앞에서 강력하고 효율적인 행정부의 필요성을 절감한 지도자들은 1787년 필라델피아에 모여 새로운 헌법을 논의했다. 이들의 딜레마는

2장 국가 권력은 누구에게서 나오나?

"어떻게 하면 왕의 폭정은 막으면서도, 국가적 혼란은 수습할 수 있는 강력한 행정부를 만들 것인가?"였다. 격렬한 논쟁 끝에 그들은 '대통령'이라는 단일 행정부 수반을 만들되, 그가 결코 왕이 될 수 없도록 여러 겹의 정교한 '견제와 균형(checks and balances)' 장치를 설계했다.

우선 세습 권력인 왕과 달리 대통령은 국민의 대표(선거인단)에 의해 선출되도록 하고, 임기도 4년으로 제한했다. 다음으로 법률 제정권(의회), 예산 편성권(의회), 사법권(법원)을 분리하여 대통령의 권한을 엄격히 제한했다. 그리고 법 위에 군림하는 왕과 달리, 대통령이 중대한 범죄를 저지를 경우 의회에 의해 파면(탄핵)될 수 있는 제도를 마련하였다.

하지만 대통령이라는 제도는 미국만이 아니라 이제껏 지구상 어떤 국가도 경험해 보지 못한 길이었다. 당연히 부족한 부분도 많았을 것이며, 예상하지 못한 부작용도 있었을 것이다. 이러한 한계는 초대 대통령 조지 워싱턴이 직접 경험하며 수정해 나갔다.

사람들은 여전히 단 한 명의 지도자가 결국 '선출된 군주'가 될 것이라는 두려움을 떨치지 못했다. 이때, 모든 미국인이 신뢰하는 단 한 사람, 조지 워싱턴이 등장하며 대통령제를 살아있는 제도로 완성시켰다. 대륙군 총사령관으로 독립 전쟁을 승리로 이끈 조지 워싱턴은 막강한 군사력을 바탕으로 얼마든지 독재자나 왕이 될 수 있었다. 그럼에도 그는 미련 없이 군 총사령관직을 내려놓고 고향으로 돌아갔다. 이는 그가 권력 자체를 탐하지 않는다는 신뢰를 미국인들에게 심어주었다. 이 신뢰가 있었기에 사람들은 그에게 초대 대통령이라는 막강한 자리를 안심하고 맡길 수 있었다.

초대 대통령으로서 워싱턴의 모든 행동은 곧 미래 대통령들이 따라야 할 '관례'이자 '전통'이 되었다. 그는 대통령직의 성격을 규정하는 데 결정적인 역할을 했다. 워싱턴은 '전하(Your Highness)'와 같은 군주적 칭호를 거부하고, '회의 주재자'라는 뜻의 '미스터 프레지던트(Mr. President)'를 선택했다. 이는 대통령이 국민 위에 군림하는 존재가 아님을 명확히 한 상징적인 사건이었다.

당시 헌법에는 임기 횟수 제한이 없었다. 워싱턴이 3연임에 도전했다면 이를 막을 경쟁상대도 없었다. 더욱이 주변 참모들은 그가 3연임에 도전하기를 바랐다. 하지만 워싱턴은 두 번의 임기를 마친 후 "나는 여러분의 왕이 아니다"라며 스스로 권좌에서 물러났다. 이를 통해 그는 대통령직이 개인의 소유가 아닌, 국민으로부터 잠시 위임받은 자리라는 가장 강력한 선례를 남겼고, 어디에도 명문화되어 있지 않은 이 규정은 한동안 미국의 불문율(unwritten rule)로 자리 잡았다.

전통의 성문화, 수정헌법 제22조의 탄생

140년이 넘도록 불문율로 자리 잡았던 미국의 대통령 3연임 금지는 현재 미국 수정헌법 제22조로 명문화되었다. 재선 후 자발적 퇴진이라는 워싱턴의 선례가 깨진 것이 가장 큰 이유였다. 이 전통을 깬 인물은 미국의 32대 대통령, 프랭클린 D. 루스벨트(Franklin Delano Roosevelt)였다. 루스벨트가 집권하던 시기는 미증유의 위기 상황이었다. 1930년대에는 대공황이라는 최악의 경제 위기가 닥쳤고, 1940년대 초에는 제2차 세계 대전의 전운이 감돌고 있었다.

루스벨트는 1932년과 1936년 선거에서 승리하여 이미 2번의 임기를 마친 상태였다. 하지만 그는 유럽에서 전쟁이 발발하는 등 국제 정세가 불안하다는 이유로 '위기 상황 속 지도력의 연속성'을 주장하며 1940년 대선 출마를 선언했다. 공화당은 "그 누구도 필수불가결한 존재는 아니다"라며 비판했지만, 위기를 타개할 강력한 지도자를 원했던 미국 국민들은 루스벨트의 손을 들어주었고, 그는 미국 역사상 최초의 3선 대통령이 되었다. 1944년, 제2차 세계 대전이 한창일 때 루스벨트는 또다시 4선에 도전하여 성공했다. 하지만 4번째 임기를 시작한 지 불과 몇 달 만인 1945년 4월에 뇌출혈로 사망하고 말았다.

루스벨트의 전례 없는 4선 연임과 그의 사망은 미국 사회에 큰 충격을 주었다. 특히 야당이었던 공화당을 중심으로 권력이 한 사람에게 지나치게 오래 집중되는 것에 대한 경계심과 우려가 커졌다. 미국 국민들 사이에서는 전쟁과 대공황이라는 특수한 상황은 끝났으므로, '워싱턴의 전통'을 다시는 깨지지 않을 헌법적 원칙으로 만들어야 한다는 공감대가 형성되었다.

1947년, 공화당이 다수 의석을 차지한 제80대 의회는 대통령의 임기를 2회로 제한하는 헌법 개정안을 공식적으로 발의했다. 개정안은 의회를 통과한 후 각 주의 비준을 거쳤고, 1951년 2월 27일, 36번째 주인 네바다주가 비준함으로써 미국 수정헌법 제22조로 공식 확정되었다.

이로써 조지 워싱턴이 자발적인 행동으로 만들었던 '2선 연임의 전통'은 프랭클린 루스벨트라는 유일한 예외를 거쳐, 다시는 흔들릴 수 없는 헌법적 원칙으로 성문화되었다. 이 조항은 특정 개인에게 권력이 과도하게 집중되는 것을 막고, 주기적인 지도력 교체를 통해 민주주의의 활력을 유지하려는 미국 건국 초기 공화주의 정신을 재확인한 결과물이라고 할 수 있다.

이렇게 미국은 영국으로부터 독립 후 절대 왕권에 대한 강력한 거부감 속에 연합규약 체제의 실패를 겪으며 대통령제를 만들어 나갔다. 특히 초대 대통령 조지 워싱턴은 연임 제한 규정조차 없을 정도로 허술했던 대통령제를 스스로 모범이 되어

수정해 나감으로써 오늘날 대통령제가 미국에 정착되는 데 결정적 역할을 했다. 이렇게 미국은 대통령제를 발명했다. 오늘날 수십 개 국가에서 채택하고 있는 대통령제라는 제도는 미국의 발명품인 것이다.

대한민국의
제왕적 대통령

대통령에 대한 이승만의 고집

    1948년 5월 10일 총선거로 구성된 제헌 국회의 가장 중요한 임무는 대한민국의 헌법을 만드는 것이었다. 국회에는 헌법기초위원회가 구성되었고, 법률가였던 유진오(兪鎭午) 박사가 초안 작성의 핵심적인 역할을 맡았다.

    헌법기초위원회가 만든 초안의 핵심은 '의원내각제'였다. 제국주의로부터 독립한 지 불과 2년이 조금 더 지난 시점이었다. 위원들에게 일제 강점기에 대한 기억은 아직 생생했다. 이미 이 시기에도 신생 독립국의 강력한 지도자가 독재자로 변질되는 사례는 세계 각국에서 빈번하게 일어나고 있었다. 따라서 행정부가 의회에 책임을 지고, 의회의 불신임으로 내각이 물러날 수 있는 내각책임제야말로 대통령의 독재를 막을 수 있는 가장 효과적인 장치라고 믿었다.

당시 유럽의 선진 민주주의 국가 대부분이 내각책임제를 채택하고 있었기 때문에 지식인들 사이에서도 유럽의 모델을 가장 발전된 민주정치 형태로 인식하는 경향이 강했다. 위원회의 초안에 따르면, 대통령은 국가를 상징하는 명목상의 국가 원수로 존재하고, 실질적인 행정 권력은 국회에서 선출된 국무총리와 그가 구성하는 내각이 갖게 되는 구조였다.

대통령제에 대한 이승만의 아집

하지만 당시 국회의장이었던 이승만은 내각제 초안을 보고 격렬하게 반대했다. 미국에서 공부했고 인생의 많은 부분을 미국에서 생활했던 그에게는 미국의 대통령제가 더욱 친숙했던 것은 사실이다. 하지만 그보다도 자신이 신생 대한민국의 지도자가 될 것이라 확신했던 그에게 '상징적인 대통령'이나 의회에 의해 통제받는 '국무총리'는 받아들일 수 없는 것이었다.

이승만은 다음과 같은 논리로 강력하게 '대통령 중심제'를 주장했다. 이제 막 탄생한 신생 국가가 남북 분단과 좌우익의 극심한 대립이라는 위기 상황에 놓여 있으므로, 강력한 지도력을 가진 대통령이 국정을 안정적으로 이끌어야 한다는 것이었다. 또한 내각제는 정당 간의 이합집산과 정쟁(政爭)으로 내각이 수시로 붕괴되어 국정 혼란만 일으킬 것이라고 비판했다. 이에 더해 국민이 직접 선출한 대통령만이 국민 전체를 대표하고 통합시키는 구심점이 될 수 있다고 강조했다.

이는 표면적으로는 국가의 안정을 위한 주장이었지만, 실질적으로는 자신이 가진 압도적인 대중적 지지를 바탕으로 국가 운영의 실권을 장악하려는 정치적 의도가 담겨 있었다.

이승만의 강력한 반발로 인해 제헌 국회는 내각제 안과 대통령제 안을 두고 극심한 대립에 빠졌다. 당시 제1당이었던 한국민주당(한민당)을 비롯한 다수 의원들은 이승만의 독재를 우려하여 내각제를 지지했다.

하지만 현실적으로 이승만의 정치적 영향력은 국회가 무시할 수 있는 수준이 아니었다. 이승만의 협조 없이는 헌법 제정과 정부 수립 자체가 불가능한 상황이었다. 결국, 양측은 정면충돌을 피하고 다음과 같은 '절충안'이자 '정치적 타협'을 선택하게 되었다.

이승만과의 타협으로 왜곡된 대통령제

이 절충안의 골자는 정부 형태의 골격을 대통령 중심제로 해서 이승만의 주장을 수용하되 대통령의 독주를 막기 위해 내각제적 요소를 대폭 도입하기로 한 것이었다. 이러한 타협과 절충에 따라 1948년 7월 17일에 공포된 제헌 헌법은 매우 독특한 혼합 체제의 모습을 갖추게 되었다.

우선 대통령이 국가 원수이자 행정부 수반의 지위를 갖되 국민 직선제가 아닌 국회에서 선출하도록 하여 국회에 의한 대통령의 견제를 꾀하는 동시에 국회의 동의를 받아 임명하는 국무총리제를 두었다. 특히 중요한 것은 국무위원이었다. 국무회의가 단순한 자문기구인 미국과 달리 심의기구로 격상시켰고, 국회의원이 국무위원을 겸직할 수 있도록 함으로써 대통령에 대한 견제력을 강화했다. 이에 더해 국회가 국무총리와 국무위원에 대한 해임 건의권을 갖도록 하여 추가 견제장치도 마련했다.

결론적으로, 대한민국 정부 형태는 처음부터 순수한 대통령제가 아니라, '독재를 막으려는 의회'와 '강력한 권력을 원했던 이승만' 사이의 힘겨루기 속에서 탄생한 정치적 타협의 산물이었다. 특히 대통령을 국회에서 선출하도록 한 것은 내각제의 핵심 요소를 받아들인 것으로, 이는 이후 이승만이 재선을 위해 헌법을 무리하게 개정하는(발췌개헌) 빌미가 되기도 했다. 이처럼 건국 초기의 '불안한 동거'는 이후 한국 정치사의 고질적인 문제가 되는 대통령과 국회 간의 갈등의 씨앗을 품고 있었다.

이승만 독재를 위해 강화된 제왕적 대통령

국무회의의 문제점에 대해서는 잠시 미뤄두고, 초대 대통령 이승만의 대통령직 수행에 대해 살펴보자. 미국의 초대 대통령 조지 워싱턴의 모습과 행동이 미국 대통령제의 관례와 전통으로 자리 잡은 것과 같이 이승만의 대통령직 수행은 대한민국 대통령제의 모습에 엄청난 영향을 미쳤다. 다만 워싱턴과는 달리 이승만의 행보는 제왕적 대통령제라는 부작용으로 작용한 측면이 훨씬 강했다.

이승만은 헌법까지 개정해 가며 영구집권을 꾀하는 독재자의 길을 가다 결국 4·19 혁명에 의해 하야하고, 그의 정신적 고향인 미국으로 도피해야 했다. 이승만은 대한민국 '제왕적 대통령제'의 뿌리이자, 그 원형(原型)을 만든 결정적 계기였다. 그의 통치 방식은 단순히 한 개인의 권력욕을 넘어, 이후 한국 정치사에 깊게 뿌리내린 대통령 중심의 권력 구조와 문화를 탄생시켰다.

'제왕적 대통령제'는 단순히 대통령의 권한이 강하다는 의미를 넘어, 헌법에 명시된 삼권분립의 원칙이 무력화될 정도로 대통령 1인에게 행정·입법·사법부에 대한 막강한 영향력이 집중된 기형적인 권력 구조를 의미한다. 대통령이 법 위에 군림하며 마치 '선출된 군주'처럼 행동할 수 있는 시스템과 정치 문화를 포괄하는 용어다.

이승만은 건국 초기 대통령으로서, 그의 모든 행위는 대한민국 대통령직의 선례가 되었다. 그는 자신의 영구 집권을 위해 모든 방법을 동원해 제왕적 대통령제의 기틀을 다졌다.

우선 헌법을 사유화하여 제도를 왜곡했다. 민주주의의 근간인 헌법을 자신의 권력 유지를 위한 도구로 전락시키며, 대통령이 헌법 위에 군림할 수 있다는 최악의 선례를 남겼다. 제헌 헌법상 대통령은 국회에서 선출하는 간선제였다. 1952년 재선을 앞두고 국회의 지지를 얻기 어렵게 되자, 이승만은 전쟁 중인 부산에서 계엄령을 선포하고 반대파 의원들을 구속하는 등 (부산 정치파동) 공포 분위기를 조성했다. 이후 국회를 압박하여 대통령 직선제와 양원제를 골자로 하는 개헌안을 통과시켰다. 이를 대통령 직선제와 상하 양원제를 골자로 하는 정부 측 안과, 내각책임제와 국회 단원제를 골자로 하는 국회 안의 일부를 발췌해서 통과시켰다고 하여 발췌개헌이라 한다.

이승만은 발췌개헌 후 불과 2년 만인 1954년 다시 개헌을 통해 집권을 연장했다. 3선 연임을 위해 헌법의 '중임 제한' 조항을 '초대 대통령에 한해 적용하지 않는다'는 내용을 담은 개헌을 추진한 것이다. 그러나 국회 표결 결과, 이 개헌안은 정족수(203명 중 2/3인 135.33...)에서 1표가 부족한 135표가 나와 부결되었다. 하지만 이승만 정권은 "0.33은 사람이 아니므로 버려야 한다"는 기적의 수학 논리, 즉 '사사오입(四捨五入)'을 내세워 다음 날 부결을 번복하고 가결을 선포했다. 이는 법치주의와 민주적 절차를 완전히 무시하고 권력자의 자의적 판단이 헌법 위에 설 수 있다는 것을 보여준 상징적 사건이 되었다. 이것이 바로 사사오입 개헌이다.

위법적 개헌을 통해 집권을 연장한 이승만 정권은 권력의 정당성 유지를 위해 국가 권력을 동원했다. 경찰, 검찰, 군대 등 국민을 위해 봉사해야 할 국가기구를 정적 제거와 반대 세력 탄압을 위한 사적인 통치 도구로 삼았던 것이다. 유력한 경쟁자였던 조봉암을 간첩 혐의로 기소하여 사형시킨 '진보당 사건'이 대표적이다. 이는 사법부를 동원해 정치적 맞수를 제거한 것으로, 대통령의 의중에 따라 사법부의 판단이 좌우될 수 있다는 위험한 선례를 만들었다.

이념적으로는 전쟁과 분단이라는 특수 상황을 이용해 모든 비판과 반대 의견에 '용공', '빨갱이'라는 꼬리표를 붙여 억압했다. 이는 대통령에 대한 비판을 국가에 대한 반역으로 동일시하는 문화를 만들어, 건전한 비판과 견제를 원천적으로 차단한 것이었다. 반공이데올로기는 이후 대한민국 정치에서 상황을 유리하게 이끌기 위해 사용하는 강력한 수단으로 활용되는 악습이 되었다.

이승만은 여기서 그치지 않았다. 자유당을 대통령의 뜻을 관철하는 거수기 역할의 '친위 정당'으로 만들었다. 정부 관료들은 국민이 아닌 대통령 개인에게 충성하도록 강요되었다. 이로 인해 정책 결정 과정에서 다양한 의견 수렴이나 토론은 실종되고, 대통령의 의중이 곧 국가 정책이 되는 비민주적 의사결정 구조가 굳어지고 말았다.

이승만의 독재는 단순히 한 권력자의 일탈이 아니었다. 그의 통치 12년 동안 헌법을 유린하고, 국가기구를 사유화하며, 반대 세력을 폭력적으로 억압하는 과정에서 만들어진 모든 비정상적인 관행들이 '제왕적 대통령제'라는 시스템의 DNA로 각인되었다.

이후 박정희, 전두환 군사정권은 이승만이 닦아놓은 제왕적 통치 방식을 더욱 강화하고 체계화했다. 1987년 민주화 이후에는 대통령의 임기가 5년 단임으로 바뀌는 등 제도적 개선이 이루어졌다. 하지만 여전히 대한민국은 대통령에게 권력이 과도하게 집중되고, 대통령이 국회를 경시하며, 검찰 등 권력기관을 통해 정국을 돌파하려는 '제왕적' 행태가 반복된다는 비판이 끊이지 않고 있다. 이는 이승만 시대에 형성된 구조적·문화적 유산이 그만큼 깊기 때문일 것이다.

12·3 비상계엄으로 이어진 이승만의 DNA

"내란을 획책했던 국무회의에 참석한 국무위원 중 단 한 명도, 자기 직을 걸고 반대한 사람, 없었습니다. 입으로만 반대한다고 말했습니다. 언제 직을 걸었습니까? 귀하들이 직을 걸지 않고, 반대하지 않았을 때 국민들은 저 바깥 담장에서 밤새도록 목숨을 걸고 장갑차와 맞서고 있었어요. 목숨 걸고 국회의원들은 담장을 넘고 있었어요. 한 나라의 국무위원이라는 사람이 부끄럽지 않습니까? 무슨 낯짝으로 국무위원 배지를 걸고 있습니까?"

윤석열이 12월 3일, 위법한 비상계엄을 선포한 지 일주일여 후인 2024년 12월 11일, 당시 조국 조국혁신당 대표가 국회에서 열린 긴급 현안질의에서 국무위원들을 향해 일갈한 내용이다. 여기에는 대한민국 국무회의의 문제점이 고스란히 담겨 있다.

국무회의와 국회의원의 국무위원 겸직 제도는 이론적으로는 대통령의 독주를 견제하고 의회와의 협력을 이끌어 내는 의원내각제적 요소이지만, 현실에서는 역설적으로 제왕적 대통령이 의회를 통제하고 권력을 강화하는 수단으로 변질된 측면이 강하다.

국회의원의 국무위원 겸직은 대통령이 국회의원을 국무위원으로 임명하는 인사권을 통해 의회를 효과적으로 통제하는 수단으로 변질되었다. 대통령은 자신에게 충성하는 중진 의원을 장관으로 발탁하여 자기 사람으로 만들 수 있었다. 반대로 계파의 수장이나 비판적인 목소리를 내는 의원에게는 장관직을 제안하여 행정부로 끌어들임으로써, 의회 내의 비판 동력을 약화시키고 갈등을 무마하는 수단으로 활용했다.

행정부를 감시하고 견제해야 할 국회의원이 행정부의 일원(장관)이 되는 순간, 그 의원의 칼날은 무뎌질 수밖에 없다. 당연히 자신의 소속 부처나 정부 정책을 비판하기 어려워지고, 입법부 전체의 견제 기능에 공백이 생기게 되었다. 결국 이는 견제와 균형이라는 삼권분립의 원칙을 심각하게 훼손시키는

2장 국가 권력은 누구에게서 나오나?

결과를 초래했다.

국무회의는 헌법상 심의 기구지만, 현실에서는 대통령의 결정을 추인하고 절차적 정당성을 부여하는 통과 의례의 장으로 전락하는 경우가 많았다. 모든 국무위원은 대통령이 임명하고 해임할 수 있다. 장관의 자리는 대통령의 신임에 달려있기 때문에, 국무회의 석상에서 대통령의 심기를 거스르면서까지 정책에 반대 의견을 내기란 현실적으로 쿨가능에 가깝다.

더욱이 중요한 정책 결정은 이미 대통령실(과거 청와대)의 수석비서관 회의 등에서 사실상 결정된 채 국무회의에 안건으로 올라오는 경우가 많기 때문에 국무회의의 심의는 활발한 토론보다는, 대통령의 결정을 공유하고 정당성을 부여하는 형식적인 절차에 그치고는 했다.

국회의원의 국무위원 겸직 제도와 국무회의는 1948년 건국 초기부터 존재했던 우리 헌법의 독특한 특징이다. 이 제도의 본래 의도는 대통령의 독주를 막는 안전장치였으나, 현실 정치에서는 오히려 대통령이 막강한 인사권을 통해 의회를 무력화하고, 국무회의를 형식화하여 자신의 뜻을 관철시키는, 즉 제왕적 대통령제를 더욱 공고히 하는 역설적인 도구로 작동해 왔다. 대통령에게 권력이 집중된 구조적 문제와 이러한 제도가 결합하면서, 한국의 대통령은 미국의 대통령보다도 더 강한 영향력을 행사할 수 있는 제도적 기반을 갖게 된 것이다.

주요 핵심 참모들과 계엄을 획책하고 국무회의에서는 형식적 의결만 거쳤던 12·3 비상계엄은 이러한 국무회의의 한계점을 여실히 보여주는 사례다. "내란을 획책했던 국무회의에 참석한 국무위원 중 단 한 명도, 자기 직을 걸고 반대한 사람, 없었습니다"는 조국 대표의 질책은 거수기로 전락한 국무회의의 현실에 대한 뼈아픈 지적이었다. 국무위원을 상대로 "무슨 낯짝으로 국무위원 배지를 걸고 있습니까?"라고 질책한 것은 국회의원의 국무위원 겸직에 대한 비판이었다.

이승만이 설계한 국무회의의 본모습은 윤석열의 12·3 비상계엄에서 고스란히 나타났다. 요컨대 이승만은 대한민국 제왕적 대통령제의 설계자이자 그 첫 번째 실행자였으며, 그의 독재는 오늘날까지 한국 민주주의가 극복해야 할 중요한 과제를 남겼다고 할 수 있다.

대통령제의 숙명
의회와 대통령 간의 견제와 균형

이원적 정통성(dual legitimacy)은 대통령제의 핵심 특징이다. 대통령제 국가에서는 대통령과 국회라는 국민으로부터 직접 정통성을 부여받은 두 개의 권력기관이 공존한다. 이원적 정통성은 대통령의 독주를 막는 가장 효과적인 장치다. 국회가 대통령과 분리된 독자적인 정통성을 갖고 있으므로, 정부의 정책을 비판하고 법률을 통해 행정부를 효과적으로 견제할 수 있다. 그러나 이러한 의회의 대통령 견제는 자칫 대립과 교착으로 흘러갈 위험성이 있다.

'여소야대' 국면에서의 극심한 갈등은 이원적 정통성의 문제점이 가장 극명하게 드러나는 상황이다. 대통령의 소속 정당이 국회에서 다수 의석을 차지하지 못하면, 대통령과 국회가 사사건건 충돌하여 국정이 교착되는 상태에 빠질 수 있다.

국회는 대통령의 정책이나 법안을 반대하며 막아서고, 대통령은 국회가 통과시킨 법률안에 대해 거부권(재의요구권)을 행사하며 맞서게 된다. 양측 모두 '국민의 뜻'을 명분으로 내세우기 때문에 타협이 어려우며, 결국 국정이 마비되는 최악의 상황으로 이어질 수 있다.

특히 국정 마비 상황이 발생했을 때 책임 소재가 불분명하다는 것이 문제로 작용할 수 있다. 대통령은 "국회가 발목을 잡아서 일을 못 한다"고 비판하고, 국회는 "대통령이 불통과 독선으로 국정을 운영한다"고 비판할 수 있다. 이처럼 서로에게 책임을 떠넘기게 되면 국민으로서는 누구의 책임인지 판단하기 어렵게 되어, 극심한 여론 분열로 이어질 위험도 크다.

반면 의원내각제에서는 국민에 의해 정당성을 부여받은 권력은 국회가 유일하므로 이원적 정통성 문제가 발생할 여지가 없다. 국회 다수파가 행정부(내각)를 구성하고, 그 수장(총리)을 선출한다. 행정부와 입법부가 융합되어 있어 정책 추진은 신속하지만, 다수당의 횡포를 견제하기 어려울 수 있다는 단점이 있다.

한국 현대사는 이원적 정통성으로 인한 갈등의 역사라 해도 과언이 아니다. 특히 윤석열 정부의 경우, 대통령은 국민의힘 소속이지만 국회는 더불어민주당이 압도적 다수를 차지한 '여소야대' 상황에서, 국회가 통과시킨 법안(김건희 특검법, 양곡관리법 등)에 대통령이 거부권으로 맞서는 대결이 반복되었다. 이는 이원적 정통성이 낳는 교착 상태의 전형적인 모습이다. 윤석열의 거부권 행사는 25차례나 이어졌다. 이는 이승만의 45회에 이어 역대 두 번째다. 하지만 이승만의 재임기간이 12년이었던 데 반해 윤석열은 재임 2년 반 만에 탄핵된 것을 고려하면 윤석열의 거부권 행사가 오히려 압도적이라고 할 수 있다.

이렇듯 이원적 정통성은 대통령제 민주주의의 안정성과 견제 기능을 보장하는 핵심 원리이지만, 동시에 정치적 타협과 협치의 문화가 성숙하지 않으면 언제든 국정 마비로 이어질 수 있는 구조적인 딜레마를 안고 있다.

이원적 정통성의 한계로 인해서 국정이 교착될 때 대통령이 이를 해결하는 가장 대표적인 방식은 정당을 우회하여 개별 의원들과 소통하는 것이다. 하지만 이는 정당의 조직력이 약할 때 작용할 수 있는 방식이다. 이러한 현상은 미국에서 주로 나타나는데, 이는 미국의 독특한 정치문화에 기인한다.

미국 의원은 한국 국회의원보다 '소신 투표'나 '이탈 투표'를 하는 경우가 잦다. 이는 충성심이 부족해서가 아니라, 구조적으로 그렇게 행동하는 것이 자신의 정치적 생존에 더 유리하기 때문이다. 미국 의원의 진짜 보스는 당 지도부가 아니라, 자신을 뽑아준 지역구 유권자인 것이다.

우리나라는 중앙당이 막강한 공천권을 가지고 있다. 국회의원이 되려면 당 지도부를 중심으로 한 공천(관리)위원회의 '공천'을 받는 것이 거의 절대적이다. 아무리 지지도가 높아도 당 지도부의 눈 밖에 나 공천을 받지 못하면 정치생명이 끝나는 경우가 발생하고는 한다. 2008년 친박연대가 대표적이다. 친박연대는 당시 여당이었던 한나라당의 당권을 대통령이었던 이명박계(친이계)가 장악하면서 박근혜계(친박계) 의원들을 공천에서 배제하자 이들이 탈당해 무소속 연합을 결성하면서 만들어진 정치 조직이다. 공천에서 탈락한 후 한나라당을 탈당해 2008년 15대 총선에 친박연대를 표명하는 무소속으로 출마한 의원은 김무성, 유기준, 한선교 등 16명이었는데, 이 중 12명이 당선되었다. 이는 후보자 개인의 경쟁력과 무관하게 중앙당의 결정에 따라 공천이 이뤄졌다는 것을 보여준다. 이렇듯 공천에 중앙당의 영향이 크다 보니 의원들은 자신의 소신보다 당의 방침(당론)을 따를 수밖에 없는 강력한 압박을 받게 된다.

반면 미국은 예비선거(primary election)를 통해 유권자가 직접 후보를 뽑는다. 미국에서는 당 지도부가 특정 후보를 '공천'하는 제도가 없다. 대신, 당의 후보가 되기 위해서는 예비선거(경선)라는 관문을 통과해야 한다. 이 예비선거에서는 해당 지역구에 거주하는 당원과 일반 유권자들이 직접 투표하여 당을 대표할 후보를 선출한다. 따라서 미국 의원은 워싱턴 D.C.에 있

는 당 지도부의 눈치를 볼 필요가 없다. 그보다는 자신의 지역
구 유권자들의 생각과 가치관에 맞춰 행동하고, 그들의 지지를
얻어 예비선거에서 승리하는 것이 훨씬 중요하다.

후원회 제도 역시 미국 정당의 조직력에 큰 영향을 미친다.
미국에서 의원 후보들은 선거에 필요한 막대한 자금을 스스로
조달해야 한다. 물론 당의 지원도 있지만, 대부분은 지역구 내
개인 후원자, 각종 이익단체(PAC, political action committee), 로비
스트 등을 통해 자신만의 후원 네트워크를 구축한다. 이렇게
재정적으로 독립해 있기 때문에 당 지도부가 자금 지원을 끊는
방식으로 압박하기가 어렵고, 오히려 자신의 후원자나 지역구
의 핵심 농업, IT, 군수산업 등 이익단체의 요구에 더 민감하게
반응하게 된다.

후보자 중심의 미국 정치 문화 또한 정치인이 정당보다는
지역 유권자에 더욱 민감하게 만든다. 미국 정치는 '정당 중심'
이라기보다는 '후보자 중심'의 문화가 매우 강하다. 유권자들
은 당의 이름값만 보고 투표하기보다 후보자 개인의 경력, 공
약, 가치관, 지역 사회에 대한 기여도 등을 종합적으로 판단한
다. 따라서 의원들은 당의 정체성 못지않게 자신만의 '개인 브
랜드'를 구축하는 데 힘쓴다. '나는 우리 당의 방침과는 다르지
만, 우리 지역의 이익을 위해서는 소신껏 행동하는 정치인'이
라는 이미지를 만드는 것이 선거에서 이기는 것은 물론 재선에

도 큰 도움이 되는 것이다.

이처럼 미국 의원들이 정당의 통제에서 비교적 자유롭다 보니 미국 의회에서는 당론에 얽매이지 않는 소신 투표나, 당의 이익보다 지역구의 이익을 우선하는 모습, 그리고 여야 의원 간의 초당적인 협력(cross-party cooperation)이 한국보다 훨씬 활발하게 나타난다. 이러한 미국의 정치 문화는 대통령이 의회와의 갈등을 대통령의 주도권을 활용해 해소할 수 있는 공간을 만들어 준다. 대통령은 개별 의원과 접촉하여 해당 선거구 주민들이 원하는 것을 들어주는 대신 자신이 원하는 법안이나 정책에 대한 지지를 끌어낼 수 있다.

대통령이 정치적 교착 상태를 해소하는 또 다른 방법은 포퓰리즘(populism)에 기대는 것이다. 야당과의 대립 상황에서 개별 의원과의 협상으로도 갈등을 해결할 수 없다고 판단되면 대통령은 의회를 우회하여 국민과의 직접 소통을 선택할 수 있다. 그러나 의회를 우회하는, 이른바 의회 배제는 야당과의 갈등을 더욱 심화시켜 장기간의 국정 불안으로 이어질 우려도 크다. 특히 이러한 장기간 국정 불안은 정치적 해결의 가능성을 완전히 봉쇄하는 극단적 상황을 일으킬 우려가 있다. 야당과의 소통을 뒤로하고 극단적 대립만으로 정권을 유지하다 결국 군사 친위쿠데타(self-coup)를 선택한 윤석열의 사례가 그것이다.

이처럼 이원적 정통성은 양날의 검과 같다. 최악의 경우 국정 마비와 극심한 대립을 낳지만, 최상의 경우 권력 낭용을 막는 브레이크가 되고, 국정의 안정성을 담보하며, 나아가 국가적 위기 앞에서 '위대한 타협'을 이끌어내는 원동력이 되기도 한다. 결국 이 제도의 성패는 구조 자치보다는 그 속에서 대통령과 국회의원들이 각자의 정통성을 존중하며 대화와 타협에 나서는 '정치 문화의 성숙도'에 달려있다고 할 수 있다.

우리에게는
한없이 낮선 제도,
의원내각제

우리에게만 낯선 제도, 의원내각제

　앞서 우리는 미국의 사례를 통해 대통령제가 만들어지는 과정을 살펴보았다. 이처럼 대통령제가 특정한 시기에 정치 대표자들이 한자리에 모여 제도를 창안해 낸, 흡사 발명품과 비슷한 제도인 것에 반해, 내각제는 국왕과 의회 간 갈등과 타협이라는 역사적 과정을 거쳐 점진적으로 형성된 제도이다. 이에 대해서는 내각제 국가 비율이 높은 이유를 설명하며 함께 살펴보겠다.

　대통령제에서는 대통령과 의회 선거가 각각 별도로 치러지지만(이원적 정통성), 내각제에서는 의회를 구성하기 위한 단 한 번의 선거로 입법부와 행정부가 구성된다. 이러한 권력 구조는 내각제가 작동하는 절차를 살펴보면 쉽게 이해할 수 있다.

내각제 국가에서 국민은 대통령을 선출하지 않고 그들을 대표할 국회의원만 선출(총선)한다. 총선 결과 국회에서 가장 가장 많은 의석을 차지한 정당(다수당)의 대표가 행정부의 수반인 총리(수상, prime minister)가 된다. 만약 과반을 차지한 정당이 없으면, 여러 정당이 힘을 합쳐 연립 정부(연정, coalition government, coalition cabinet)를 구성하고 그 연정의 대표가 총리가 된다.

총리는 국회의원 중에서 주로 같은 당 소속 의원들을 중심으로 각 부처의 장관을 임명하여 내각(정부)을 구성한다. 따라서 장관들은 국회의원이면서 동시에 행정부의 각료가 된다. 이러한 맥락에서 내각에는 '집단 책임의 원칙(collective responsibility)'이 작동된다. 이 원칙은 정부가 결정한 주요 정책은 해당 부서를 담당하는 개별 장관이 결정하고 책임지는 것이 아니라 내각 전체가 집단적으로 공동의 책임을 진다는 것이다. 내각이 결정한 주요 사항에 대해서 각료들은 대외적으로 모두 동일한 의견을 표명해야 한다. 만약 내각의 결정이 자신의 소신과 달라 반대하고자 한다면 각료직을 먼저 사임하고 반대 입장을 밝혀야 한다. 내각 구성원이며 동시에 내각을 창출한 정당 소속 의원이기도 한 각료로서는 자신과 의견이 다른 국회에 대하여 책임을 지는 것이 불가능하기 때문이다.

내각은 모든 정책에 대해 국회에 책임을 져야 한다. 국회는 언제든지 정부의 정책을 비판하고, 잘못이 있다고 판단하면

'내각 불신임 결의'를 통해 총리를 포함한 내각 전체를 해산시킬 수 있다.

반대로 총리 역시 국회가 사사건건 정부의 발목을 잡거나 정치적 교착 상태가 심각할 경우, 국회를 해산하고 다시 총선거를 실시하여 국민에게 직접 심판을 물을 수 있는 권한을 가진다.

이처럼 내각제에서는 내각을 이끄는 총리가 실질적인 통치의 중심이다. 대통령제가 권력의 분산에 초점이 맞춰졌다면, 내각제는 권력의 융합(fusion of powers)이라는 특성을 가진다. 의회 권력의 장악을 통해 행정부를 장악하는 내각제에서는 의회로부터 구성된 행정 권력은 의회에 대해 책임을 진다.

우리에게만 생소한 내각제

2025년 기준 국제연합(UN)에 가입된 국가는 193개국이다. 이들 국가의 정부 형태를 정확히 분류하는 것은 학자나 기관마다 기준이 조금씩 달라 다소 차이가 있을 수 있다. 하지만 일반적인 분류에 따르면 의원내각제(parliamentary system) 국가가 영국, 독일, 일본, 캐나다, 호주, 뉴질랜드, 스페인, 스웨덴, 인도 등 약 85~95개국, 대통령제(presidential system) 국가가 미국, 대한민국, 브라질, 멕시코, 필리핀 등 라틴 아메리카와 일부 아프리카, 아시아 국가 등 40~50개국 그리고 이원집정부제 국가가 프랑스, 러시아, 대만, 포르투갈, 폴란드 등 약 35~45개국으로 분류된다.

이처럼 순수한 대통령제를 채택한 국가보다 의원내각제를 채택한 국가가 약 2배가량 많다. 외형은 대통령제에 실질적으로는 내각제의 변형인 이원집정부제 국가까지 더하면 전 세계 국가 중 3분의 2 정도는 내각제 형태를 통치구조로 채택하고 있는 것이다.

역사적 산물인 내각제

내각제 국가는 특히 유럽에서 지배적인데 이러한 이유는 유럽의 역사적·구조적 배경에서 찾을 수 있다. 대통령제 국가는 미국이나 한국과 같이 식민 통치에서 독립을 쟁취하며 급작스럽게 민주주의로 전환된 경우가 많다. 반면 유럽 대다수의 국가는 오랜 군주제의 역사를 가지고 있다. 이들 국가가 민주주의로 전환하는 과정은 왕을 없애고 새로운 권력자를 만드는 방식이 아니었다. 대신 '왕은 상징으로 남겨두되, 실질적인 권력은 국민의 대표인 의회에 넘기는' 방식으로 점진적인 변화가 이루어졌다. 이 과정에서 자연스럽게 의회 다수파의 리더가 행정부 수반인 '총리(prime minister)'가 되어 국정을 책임지는 내각제가 정착되었다. 즉, 군주를 몰아내고 새로운 대통령을 만든 것이 아니라, 군주의 권력을 의회가 가져오는 과정에서 내각제가 탄생한 것이다. "왕은 군림하되, 통치하지 않는다"는 원칙이 바로 이것이다. 대부분의 내각제 국가가 상징적 권력으로 국왕(입헌군주제)이나 대통령(의원내각제)을 두고 있는 것은 같은 맥락에서 해석할 수 있을 것이다.

영국 식민지배의 유산

다음으로 영국 '웨스트민스터 모델(Westminster system)'이 세계적으로 확산된 것 또한 내각제 국가가 많은 이유 중 하나다. 19세기와 20세기 초, 전 세계에 가장 큰 영향력을 미쳤던 나라는 대영제국이었다. 영국은 자신들의 의원내각제 모델(웨스트민스터 모델)을 전 세계 식민지에 이식했다. 이후 캐나다, 호주, 뉴질랜드, 인도 등 수십 개의 국가가 영국으로부터 독립하면서 의원내각제 시스템을 자연스럽게 자신들의 정부 형태로 채택했다. 이 단 하나의 이유만으로도 내각제 국가의 수는 폭발적으로 늘어났다.

독재를 겪은 신생 독립국들의 권위주의적 정부에 대한 반감 또한 많은 국가의 내각제 채택에 영향을 미쳤다. 20세기에 수많은 신생 독립국과 민주화 국가들은 정부 형태를 선택해야 했다. 이때 대통령제는 '승자독식(winner-take-all)' 구조 때문에 강력한 대통령이 독재자로 변질될 위험이 크다는 단점이 부각되었다. 특히 라틴 아메리카의 대통령제 국가들이 군사 쿠데타와 독재의 악순환을 겪는 것을 보고 많은 나라들이 대통령제를 기피하게 되었다. 반면, 내각제는 '내각 불신임 결의'라는 강력한 제도를 통해 총리가 독주하거나 무능할 경우, 의회가 쿠데타나 탄핵 같은 극단적인 방법 없이도 총리와 내각을 즉시 해산시킬 수 있는 안전장치를 갖추고 있다. 이러한 유연성과 안정성이 독재를 방지하는 데 더 유리하다고 평가받고 있다.

마지막으로 다당제와 연립정부의 용이성 또한 다수의 국가가 내각제를 선택한 이유 중 하나다. 대부분 국가는 미국처럼 거대한 양당제가 아닌, 여러 정당이 경쟁하는 다당제 국가다. 대통령제 국가에서는 한 명의 대통령을 선출하기 때문에 소수 정당은 행정 권력에 참여할 기회를 얻기가 사실상 불가능하다. 반면 내각제 국가는 선거에서 과반을 차지한 정당이 없으면, 여러 정당이 연립정부를 구성하여 권력을 나누어 가질 수 있다. 이는 다양한 사회적·인종적·종교적 집단의 목소리를 국정에 반영할 수 있게 하여 정치적 안정과 사회 통합에 더 유리하다고 여겨진다.

우리나라는 장면 정부 당시 짧은 내각제의 경험을 제외하면 대통령제로 운영되고 있다. 게다가 미국이라는 유일 패권 국가의 대통령제 채택이 우리의 경험에 디치는 영향이 상당히 커 대통령제에 매우 익숙하다. 하지만 세계사적·구조적 맥락에서 볼 때 의원내각제와 그 변형(이원집정부제)이 민주주의 국가의 정부 형태로 훨씬 더 보편적으로 채택되어왔다.

대통령제와 의원내각제는 각자의 장단점을 가지고 있기 때문에 어느 제도가 더 우수하다고 단정적으로 말할 수는 없다. 다만 일본 제국주의 식민 지배에서 독립한 후 박정희의 5·16 군사정변과 전두환 신군부의 12·12 군사 반란으로 31년의 군사정부를 경험했고, 민주화 이후에도 윤석열의 12·3 비상계엄을 통해 또다시 군사 반란을 겪은 아픈 경험은 "우리나라가 내각제 국가였으면 어떠했을까?"라는 아쉬움을 남기기도 한다.

내각제 국가에서 군사 쿠데타가 없는 이유

박정희와 전두환의 군사 쿠데타에 대하여는 아직 민주주의가 성숙하지 않은 신생 독립국, 또는 오랜 군사독재 정권 속에서 민주주의가 성숙할 기회를 얻지 못한 국가에서 발생한 비극적 역사라고 치부할 수도 있다. 하지만 2024년 12월 3일 윤석열이 선포한 위헌적 비상계엄은 이미 충분히 민주주의가 성숙했다고 생각했던 대한민국에서 발생한 쿠데타였다. 그렇기에 국민이 받아들인 충격은 더욱 컸을 것이다. 성숙된 민주주의 사회 대한민국에서 윤석열이 쿠데타를 일으킬 수 있었던 것은 여러 원인이 있겠지만, 대통령제라는 우리나라의 통치구조도 주요한 원인 중 하나일 것이다.

실제로 내각제 국가에서는 군사 쿠데타가 거의 발생하지 않는다. 사실상 군사 쿠데타는 대통령제 국가에서만 발생하는 사건이라고 해도 과언이 아니다. 이는 대통령제와 내각제가 가진 권력 구조의 근본적인 차이 때문이다. 윤석열의 12·3 비상계엄 사태는 대통령제의 '이원적 정통성'이라는 구조적 특징 속에서 대통령이 독자적인 권한을 남용하려 한 극단적인 사례다. 반면 내각제는 이러한 시도 자체를 원천적으로 차단하는 구조로 되어 있다.

권력의 분립 vs. 권력의 융합

대통령제 국가에서는 국민이 대통령(행정부)과 국회(입법부)를 각각 선출한다. 대통령은 국회와 무관하게 국민으로부터 직접 부여받은 독자적인 정통성과 임기를 가지며, 군 통수권을 포함한 막강한 행정 권력을 가진다. 12·3 비상계엄은 바로 이런 대통령 개인의 독자적이고 강력한 권한이 있었기에 시도될 수 있었다.

　반면 내각제 국가에서 국민은 국회만 선출한다. 행정부의 수반인 총리는 국회 다수파의 지도자로서, 국회의원들과 함께 내각을 구성한다. 즉, 행정부의 권력이 입법부(국회)에서 나오는 것이다. 총리의 권력은 국회 다수파의 지지에 기반하며, 그 지지를 잃는 순간 즉시 권력을 상실한다. 이러한 권력 구조의 차이로 인해 내각제에서는 계엄 선포가 불가능에 가깝다. 그 이유는 다음과 같다.

우선 총리의 독단적 결정이 구조적으로 불가능하다. 대통령 제에서는 대통령이 최종 결심을 하고 국무회의를 소집하여 일방적으로 지시하는 것이 가능하지만 내각제에서는 총리가 '제왕적'으로 행동할 수 없다. 앞서 살펴본 것과 같이 내각은 집단 책임의 특성을 가진다. 계엄과 같은 중대 결정은 총리 혼자가 아닌, 국방장관, 내무장관 등 핵심 장관들로 구성된 내각 전체의 동의와 연대 책임하에 이루어진다. 한 명의 장관이라도 "반헌법적 조치에 동의할 수 없다"며 사임하면 내각은 치명타를 입고 붕괴될 수 있다. 총리 개인이 폭주하는 것을 내각이 내부적으로 막는 것이다.

집권당 내부의 즉각적인 반란

총리가 계엄을 시도하려면, 자신을 총리로 만들어 준 집권당(국회 다수파) 의원들의 지지가 절대적으로 필요하다. 하지만 의원들 입장에서 계엄은 자신들의 권력 기반인 의회 민주주의 자체를 파괴하는 행위이자 명백한 정치적 자살 행위다. 총리가 계엄을 선포하려는 움직임만 보여도, 집권당 내 다른 파벌이나 경쟁자들에게는 '총리를 교체할 절호의 기회'가 될 것이다. 즉각적으로 "저 총리는 민주주의의 적"이라며 당내에서 총리 불

2장 국가 권력은 누구에게서 나오나?

신임 움직임이 일어나고, 총리는 외부의 적이 아닌 내부의 동지들에 의해 먼저 축출될 가능성이 높다.

그리고 내각제 국가에서 군사 쿠데타가 불가능한 결정적인 이유는 '내각 불신임'과 총리의 실각일 것이다. 대통령은 임기가 보장되어 있어 국회의 탄핵 절차를 거쳐야 하지만, 총리는 그렇지 않다. 총리가 계엄 선포를 강행하려 한다면, 국회는 곧바로 '내각 불신임 결의안'을 가결하여 총리와 내각 전체를 해산시킬 수 있다. 국회 다수파의 지지를 잃은 총리는 어떠한 법적·정치적 권한도 행사할 수 없는 '식물 총리'가 되어 즉시 실각한다. 계엄령이 선포되고 군대가 움직일 시간조차 없는 것이다. 12·3 비상계엄이 실패로 돌아갔음에도 윤석열은 6개월이나 지난 2025년 4월 3일에서야 헌법재판소의 파면 결정에 의해서 탄핵되었다는 것과 비교해 본다면 내각제 국가에서 군사 쿠데타가 불가능한 이유를 쉽게 이해할 수 있다.

내각제는 행정부의 권력이 국회에서 나오기 때문에 총리가 국회의 의사에 반하는 반헌법적 행동을 시도하는 것 자체가 시스템적으로 불가능하다. 그 시도만으로도 총리는 자신의 권력 기반인 국회의 지지를 잃고 즉시 축출될 것이기 때문이다. 따라서 내각제였다면 12·3 비상계엄은 계획 단계에서부터 자멸했을 가능성이 압도적으로 높다.

하지만 12·3 비상계엄 사태는 국민으로부터 직접 선출되어 국회와는 별도의 막강한 권력을 가진 대통령이라는 존재가 있었기에 시도될 수 있었고, 이를 다시 국민으로부터 직접 선출된 또 다른 권력인 국회가 저지한, 대통령제 '이원적 정통성'의 위험성과 순기능을 동시에 보여준 사건이다. 그렇기에 내각제 국가에서 군사 쿠데타를 경험하기 어렵다는 이유만으로 내각제가 대통령제보다 우수하다고 단순하게 평가할 수는 없다.

내각제의
국가 원수

상징적 권력으로서만 존재하는
나라의 대표

내각제 국가의 국가 원수는 대통령제 국가의 대통령과 완전히 다른 존재다. 대통령제에서는 대통령이 국가 원수와 행정 수반의 역할을 동시에 수행한다. 반면 내각제에서 이 두 가지 기능은 분리되어 있다. 내각제에서 총리는 행정 수반의 역할만 담당하고 국가 원수는 겸직하지 않는다.

내각제 국가에서 국가 원수는 대통령이나 국왕이 맡으며, 정치적 중립을 지키면서 국가를 대외적으로 대표하고 국민 통합을 이끄는 상징적·의전적 역할을 한다. 영국이나 일본처럼 군주가 있는 나라는 국왕이 국가 원수 역할을 하고, 독일이나 이탈리아처럼 군주가 없는 공화국에서는 국민들이 대통령을 선출하여 국가 원수 역할을 맡기고는 한다.

여전히 영국 국왕을 모시는 영연방 왕국

이 부분에 있어 흥미로운 케이스는 캐나다, 호주, 뉴질랜드 등 영국 연방 국가(영연방, Commonwealth of Nations)들이다. 영연방 56개의 회원국 중 인도나 나이지리아 등은 독자적인 대통령이 있는 공화국이다. 하지만 캐나다, 호주, 뉴질랜드, 자메이카 등 15개국은 영국 국왕을 국가 원수로 인정하고 있다. 이들을 특별히 '영연방 왕국(Commonwealth realm)'이라고 부른다. 그들 국가의 원수는 영국 국왕인 찰스 3세(King Charles III)다.

영연방 왕국이 영국의 식민 지배에서 독립했음에도 영국 국왕을 국가 원수로 삼는 이유는 의외로 단순하다. 우선 내각제를 채택하고 있는 그들 국가에서 원수는 그저 상징적 존재일 뿐이므로 식민 지배 시절 국가 원수였던 영국 국왕을 굳이 교체할 필요가 없기 때문이다. 더욱이 찰스 3세는 영국 국왕의 지위에서 이들 국가를 다스리는 것이 아니다. 그는 '캐나다 국왕', '호주 국왕', '뉴질랜드 국왕' 등 각각의 독립적인 지위를 가진다. 즉, 한 사람이 여러 나라의 왕관을 쓰는 '동군연합(同君聯合, personal union)'의 형태를 가진다. 그런데 캐나다 국왕인 찰스 3세가 캐나다에 상주하는 것이 아니기 때문에 캐나다에서는 총독(governor general)을 임명하여 국왕을 대신하도록 한다. 영연방 왕국의 다른 나라 역시 마찬가지다. 이 총독은 해당 국가의 국민이며, 실질적으로는 자국 정부의 조언에 따라 법률

2장 국가 권력은 누구에게서 나오나?

공포, 의회 개회 등 형식적인 업무만 수행한다. 영국 국왕이나 정부는 이들 국가의 정치에 전혀 개입하지 않는다.

역사적 전통성 또한 영연방 왕국 국가들이 영국 국왕을 자국의 국왕으로 삼는 이유 중 하나다. 이 국가들은 혁명이나 전쟁을 통해 급진적으로 독립하지 않았다. 점진적으로 자치권을 확대해 가며 서서히 독립에 다가갔다. 따라서 영국 군주를 국가 원수로 두는 것은 식민 지배의 잔재라기보다는, 자신들 역사의 뿌리와 제도적 연속성을 존중하는 의미가 강하다. '왕립 캐나다 기마경찰', '왕립 호주 해군' 등의 명칭에서도 그 전통을 엿볼 수 있다.

마지막으로 영국 국왕을 자국의 국왕으로 삼는 것이 오히려 정치적 안정에 도움이 되기 때문이다. 국가 원수 자리를 비정치적이고 중립적인 인물(세습 군주)이 맡음으로써, 국내 정치의 과열을 막는 '안전장치' 역할을 하기도 한다. 만약 공화국이 되어 대통령을 선출하는 과정에서 전직 정치인 등이 대통령이 되면 국가 원수 직책 자체가 또 다른 정치 갈등의 장이 될 우려를 배제할 수 없다. 이를 대신하여 상징적인 군주를 둠으로써 이러한 문제를 원천적으로 차단할 수 있다.

이처럼 영국 국왕을 자국의 국가 원수로 삼는 것은 부작용보다는 장점이 크다. 그러므로 많은 국민들은 "현재 시스템이 잘 작동하고 있고, 국왕은 우리 정치에 아무런 간섭도 하지 않는데, 굳이 막대한 돈과 시간을 들여 논쟁하면서까지 바꿀 필요가 있는가?"라고 생각하고는 한다. 공화국으로 전환하려면 헌법 개정, 국민투표 등 복잡하고 비용이 많이 드는 과정을 거쳐야 하기 때문이다.

물론 모든 국민이 이 제도에 찬성하는 것은 아니다. 영연방 왕국의 많은 나라에서 "이제는 완전한 독립을 위해 우리 국민을 국가 원수로 삼아야 한다"는 공화국 전환 논의가 수십 년째 활발하게 진행되고 있는 것도 사실이다. 특히 2022년 엘리자베스 2세 여왕이 서거하고 찰스 3세가 즉위하면서, 군주제에 대한 지지율이 이전보다 약해져 공화국 전환 논의가 더욱 힘을 얻고 있는 상황이다. 실제로 2021년 카리브해의 작은 섬나라 바베이도스는 영국 여왕을 국가 원수 자리에서 폐지하고 자국민 대통령을 선출하면서 공화국으로 전환하기도 했다.

일본 제국주의 식민 통치에 대한 반감이 강력한 우리나라의 경험에서 볼 때 영연방 왕국 국가들이 영국 국왕을 자국의 국왕으로 삼는 것은 언뜻 이해하기 어려운 모습이다. 그러나 우리와 다른 역사적 경험을 가진 영연방 왕국들에게 영국 국왕을 국가 원수로 유지하는 것은 굴욕적인 식민지의 잔재라기보다는 역사적 전통, 정치적 안정, 실용적 편의성 등이 복합적으로 작용한 결과다. 국제정치에서 자국의 경험을 바탕으로 다른 나라를 분석하면 안 되는 대표적 사례라고 할 수 있다.

다양한 내각제 공화국의 대통령들

내각제 공화국에서 대통령의 역할은 나라마다 조금씩 다르지만, 공통으로 권력이 매우 제한적이고 상징적이다. 독일의 경우 '도덕적 권위'에 집중하는 형태를 갖추고 있다. 독일은 내각제에서 대통령의 역할이 무엇인지를 가장 명확하게 보여주는 교과서적인 사례다.

독일의 실질적인 권력은 연방 총리(Bundeskanzler)가 모두 가지고 연방 대통령(Bundespräsident)은 철저히 정치와 거리를 둔다. 대통령의 주요 역할은 특정 정당에 치우치지 않고, 국가적 기념일이나 중요한 사회적 이슈에 대해 연설하며 국민에게 메시지를 전달하는, '국가의 도덕적 양심'과 같은 역할이다. 대통령은 의회가 선출한 총리를 형식적으로 임명하고, 의회를 통과한 법률에 최종 서명을 한다. 하지만 이는 의회의 결정을 존중하는 요식행위일 뿐, 대통령이 거부권을 행사하는 일은 거의 없다.

이처럼 독일이 의도적으로 대통령의 권한을 완전히 배제한 것은 과거 바이마르 공화국 시절, 강력한 대통령의 권한이 결국 히틀러의 집권을 가능하게 했다는 역사적 교훈 때문이다.

이탈리아 대통령은 독일과 달리 '정치적 중재' 역할을 수행한다. 이탈리아는 수많은 정당이 난립하여 연립정부가 자주 붕괴되는 등 정치가 불안정한 편이다. 이런 환경에서 대통령은 중요한 역할을 한다. 평상시에는 총리가 실권을 행사하지만, 정치적 위기 시 대통령의 역할이 부각되고는 한다. 연정이 붕괴되어 국정이 마비되면, 대통령이 적극적으로 나서서 중재자 역할을 한다. 각 정당의 대표들을 만나 새로운 연정을 구성할 수 있는지 협의하고, 차기 총리 후보를 지명하는 등 정치적 위기를 수습하는 데 핵심적인 역할을 하는 경우도 있다. 더 나아가 정당들이 합의에 이르지 못할 경우, 대통령은 특정 정당에 소속되지 않은 중립적인 전문가(교수, 관료 등)를 총리로 임명하여 내각을 이끌도록 하기까지 한다.

이스라엘 대통령은 정부 구성의 첫 단추를 끼울 권한을 가진다. 이스라엘 역시 다당제가 특징인 내각제 국가로, 선거 이후 정부를 구성하는 과정에서 대통령의 역할이 제도적으로 명시되어 있다. 총선거가 끝나면 대통령은 각 정당 대표들과 협의한 후, 연립정부를 구성할 가능성이 가장 높다고 판단되는 국회의원 1명에게 총리 후보 자격을 부여하고 정부 구성 권한을 위임한다. 이는 정부 구성 과정의 첫 단추를 끼우는 매우 중요한 형식적 절차다. 이외에도 다양한 인종과 종교로 구성된 이스라엘 사회에서 갈등을 중재하고 국민 통합을 호소하는 역할과 범죄자에 대한 사면권을 행사한다.

이처럼 의원내각제 국가의 대통령은 '정치적 실권자'가 아닌 '국가적 상징이자 통합의 구심점'이다. 이들 대통령은 평상시에는 의전적인 역할에 머물지만, 독일의 사례처럼 '도덕적 권위'로 국민을 이끌거나, 이탈리아의 사례처럼 '정치적 위기' 시에 안정적인 중재자 역할을 수행하는 등 국가의 보이지 않는 버팀목이 되기도 한다. 이는 모든 권력이 한 사람에게 집중된 대통령제 국가의 대통령과는 근본적으로 다른 역할이라 할 수 있다.

이원집정부제 上

다양한 특성, 다양한 이름의 통치 형태

 이원집정부제(二元執政府制)는 이원행정부제(二元行政府制, dual executive system), 반(준)대통령제[半(準)大統領制, semi-presidential system], 쌍두정부제(雙頭政府制, two headed executive), 총리형 대통령제(總理型大統領制, premier presidential system), 분권형 대통령제(分權型大統領制, decentralized presidential system) 등 다양한 이름으로 불려 왔다.

 이원집정부제는 외형상 미국의 대통령제와 유사하지만, 부통령이 없고 의회에 책임을 지는 총리가 있다는 점에서 내각제에 가까운 복합적인 성격을 갖고 있다. 이원집정부제가 이처럼 많은 이름을 갖게 된 이유가 이런 특징을 어느 하나의 이름만으로는 모두 담아낼 수 없기 때문이다. 부르는 사람의 관점, 즉 무엇을 더 중요하게 보느냐에 따라 다른 이름이 사용되어 온 것이다.

다양한 특성에 따른 다양한 이름

'이원집정부제'는 행정부의 '구조'를 강조한 명칭으로, 행정부(집행부)가 두 개의 중심축(二元)으로 구성되어 있다는 구조적 특징을 가장 중립적으로 설명한다. 즉, 이원집정부제라는 이름은 국민이 직접 선출한 대통령과, 의회의 신임을 받는 총리와 내각이라는 두 주체가 함께 행정부를 이끌어간다는 사실 자체에 집중한다.

'반(半)대통령제'는 제도의 '성격'을 강조한다. 이원집정부제가 '절반(半)은 대통령제'의 성격을 띤다는 의미다. 대통령제의 핵심 요소인 '국민이 직접 선출하는 대통령'이 존재하지만, 의원내각제의 핵심 요소인 '의회에 책임지는 총리'가 공존하기 때문에 '완전한 대통령제'는 아니라는 뜻을 담고 있다. 즉, 대통령제를 기준으로 삼아 그것과 무엇이 다른지를 설명하는 이름이다.

'쌍두정부제'는 '지도력' 형태에 초점을 맞춘 명칭이다. '머리가 두 개인(雙頭) 정부'라는 뜻으로, 가장 직관적이고 이해하기 쉬운 명칭이다. 대통령과 총리라는 두 명의 리더가 정부를 이끌어간다는 지도력의 형태를 시각적으로 강조하기에 언론이나 일반 대중이 시스템의 특징을 쉽게 표현할 때 자주 사용한다.

'분권형 대통령제'는 제도의 '목표와 기능'에 중점을 둔다.

주로 대한민국과 같이 강력한 대통령제를 가진 국가에서 정치 개혁을 논의할 때 사용된다. 현재의 '제왕적 대통령'이 가진 과도한 권력을 총리에게 나누어 주어 권력을 분산(分權)시키자는 개혁의 목표와 이상을 담고 있다. 즉, 제도의 구조나 성격보다는 '대통령의 권력 약화'라는 기능적 측면을 강조하는, 정치적 목적성이 담긴 이름이라고 할 수 있다. 이에 관해서는 한국의 사례를 통해 별도로 살펴보겠다.

이원집정부제의 탄생

이원집정부제는 1919년 독일 바이마르 공화국(Weimar Republic)과 핀란드(Finland)에서 최초로 도입되었다. 제1차 세계 대전 패전 후 탄생한 독일 최초의 공화국인 바이마르의 헌법은 국민이 직접 선출하며 국가 비상사태 시 막강한 긴급명령권을 가지는 대통령을 두는 동시에, 의회의 신임을 받는 총리와 내각을 두었다. 이는 이원집정부제의 첫 번째 실험으로 평가받는다. 하지만 이 실험은 대통령과 의회 간의 극심한 대립과 정치적 불안정으로 이어졌고, 결국 나치 히틀러의 집권으로 막을 내리게 되었다. 바이마르 공화국과 함께 이원집정부제를 가장 먼저 도입한 핀란드는 러시아로부터 독립한 후 1919년 헌법을 통해 국민이 직접 뽑는 대통령과 의회에 책임을 지는 총리 제도를 도입했다. 이후 오늘날까지 이원집정부제를 유지하고 있다.

다만 현대적 모델의 이원집정부제 등장은 1958년 프랑스 제
5공화국이라는 것이 통설이다. '이원집정부제'라는 용어 역시
프랑스의 정치학자 모리스 뒤베르제(Maurice Duverger)가 바로
이 프랑스 제5공화국 체제를 설명하기 위해 처음 사용하면서
널리 퍼졌다.

　　따라서 프랑스가 이원집정부제를 도입하는 과정을 살펴보
는 것은 제도를 이해하는 좋은 방법 중 하나다. 프랑스의 이원
집정부제 도입은 학자들의 이상적인 토론을 통해 만들어진 것
이 아니라, 극심한 정치적 혼란과 국가 분열이라는 절체절명의
위기 속에서 '구원투수'로 등판한 샤를 드골(Charles de Gaulle)이
라는 한 인물의 강력한 의지가 만들어 낸 극적인 산물이었다.

정치적 혼란이 불러온 이원집정부제

　　제2차 세계 대전 이후 출범한 프랑스 제4공화국은 전형적인
의원내각제 국가였다. 하지만 이 시스템은 프랑스에서 심각한
문제점을 드러냈다. 수많은 정당이 난립하여 선거에서 과반을
차지하는 압도적인 정당이 등장하지 못했다. 이는 어쩔 수 없
이 여러 정당이 이념과 정책이 다른데도 불구하고 억지로 손을
잡고 연립정부(연정)를 구성하는 정국의 불안정으로 이어졌다.
불안정한 연정은 작은 정치적 갈등에도 쉽게 붕괴했다. 12년
동안 무려 20개가 넘는 내각이 들어서고 무너졌으며, 심지어

단 하루 만에 붕괴한 내각도 있었다.

이러한 만성적인 정치 불안으로 인해 정부는 지도력을 상실했고, 국가적인 위기 상황에 전혀 대처하지 못하는 무기력한 상태에 빠졌다. 무기력한 제4공화국에 결정타를 날린 사건은 '알제리 전쟁'이었다. 당시 프랑스의 식민지였던 알제리가 독립을 요구하며 전쟁을 벌이자, 프랑스 사회는 알제리 독립을 지지하는 측과 반대하는 측으로 나뉘어 극심한 분열을 겪었다.

1958년 5월, 알제리에 주둔하던 프랑스 군부의 강경파 장군들이 파리 본국의 유약한 정책에 반발하며 쿠데타를 일으키려는 움직임을 보였고, 프랑스 본토와 알제리 주둔군 사이에 군사적 충돌, 즉 내전 발발 직전의 위기까지 치달았다. 하지만 제4공화국 정부는 이 상황을 수습할 아무런 힘도, 권위도 없었다. 국가가 공중분해될 위기에 처하자, 프랑스 정치권과 국민들은 단 한 사람을 떠올렸다. 바로 제2차 세계 대전 당시 프랑스를 구한 전쟁 영웅이자, 제4공화국 체제에 반대하며 정계에서 은퇴했던 샤를 드골이었다.

드골의 강력한 지도력이 만들어낸 제도적 결과

국민적 신망이 두터웠던 드골은 이 위기를 수습할 유일한 인물로 여겨졌다. 절박해진 국회는 드골에게 총리직을 맡아 국정을 수습해 달라고 요청했다. 드골은 이 요청을 수락했지만,

2장 국가 권력은 누구에게서 나오나?

한 가지 강력한 조건을 내걸었다. 바로 "무기력한 제4공화국을 끝내고, 강력한 국가 지도력을 보장하는 새로운 헌법을 만들 수 있는 전권(全權)을 나에게 달라"는 것이었다. 다른 대안이 없었던 국회는 이 조건을 받아들일 수밖에 없었다.

총리가 된 드골은 곧바로 새로운 헌법 제정에 착수했다. 그의 목표는 명확했다. 의회의 '정치 놀음'에 휘둘리지 않는 강력하고 안정적인 대통령을 만들되, 일상적인 국정 운영은 의회를 책임지는 총리에게 맡기는 것이었다. 대통령제의 장점(안정성)과 내각제의 장점(책임성)을 결합하고자 했던 것이다. 이렇게 탄생한 1958년 제5공화국 헌법은 이원집정부제의 핵심적인 특징을 담고 있었다.

대통령에게 총리 임명권, 의회 해산권, 국민투표 부의권, 그리고 국가 비상사태 시 모든 권력을 행사할 수 있는 긴급대권(헌법 제16조) 등 막강한 권한을 부여했다. 동시에 총리와 내각은 의회에 책임을 지며, 의회는 내각 불신임 결의를 통해 내각을 해산시킬 수 있었다.

여기에 드골은 1962년, 국민투표를 통해 대통령 선출 방식을 의원들의 간선제에서 국민이 직접 뽑는 '국민 직선제'로 바꾸는 개헌을 단행했다. 이로써 프랑스 대통령은 의회와는 별개로 국민 전체로부터 정통성을 직접 부여받는, 명실상부한 국가 최고 지도자의 위상을 갖추게 되었다.

프랑스의 이원집정부제는 의원내각제의 만성적인 불안정성과 식민지 전쟁이라는 국가적 위기를 극복하기 위해, 샤를 드골이라는 카리스마적 지도자가 주도하여 만든 '맞춤형 해결책'이었다. 이는 위기 시에는 대통령이 강력한 지도력으로 국가를 이끌고, 평상시에는 총리가 의회와 협력하여 국정을 운영하는 독창적인 시스템으로, 이후 60년 넘게 프랑스의 정치적 안정을 이끄는 기반이 되었다.

이원집정부제와 다른 책임 총리제

앞서 한국의 대통령제는 미국과 비교하여 대통령의 권한이 막강하다는 점을 살펴봤다. 이러한 이유에서 흔히 한국의 대통령을 제왕적 대통령이라 부르기도 한다. 한국에서는 제왕적 대통령제의 한계를 극복하기 위한 대안으로 책임 총리제가 거론되고는 한다. 책임 총리제는 언뜻 이원집정부제로 보이기도 하지만 두 제도 간에는 큰 차이점이 있다.

두 제도는 대통령의 권한을 분산시킨다는 공통적인 목표를 가지고 있지만, 그 근본적인 성격과 실행 방식에서 결정적인 차이가 있다. 책임 총리제는 헌법 개정 없이 현행 대통령제의 틀 안에서 운영 방식을 바꾸는 것이지만, 이원집정부제는 헌법을 개정해 정부의 구조 자체를 근본적으로 개혁하는 것이다.

책임 총리제는 새로운 정부 형태가 아니라, 현행 대통령제

안에서 대통령이 자신의 권한을 총리에게 자발적으로 대폭 위임하고, 그 권한 행사를 보장해 주는 국정 운영 방식을 의미한다. 대통령은 외교·안보·국방 등 외치(外治)와 국가의 큰 방향에 집중하고, 국내 정책(내치, 內治)에 관한 모든 권한과 책임은 총리에게 맡기는 것이다. 책임 총리제는 제도적으로 보장된 것이 아니라 대통령의 '정치적 약속'에 기반하기 때문에, 대통령의 의사에 따라 언제든지 그 권한이 축소되거나 철회될 수 있다. 즉, 강력한 대통령이 마음만 먹으면 유명무실해질 수 있는 불안정한 제도인 것이다.

정리하면 책임 총리제는 강력한 권한을 가진 CEO(대통령)가 유능한 전문경영인(총리)에게 "앞으로 회사 내부 살림은 당신이 알아서 다 하시오. 나는 큰 방향만 보겠소"라고 구두로 약속하는 것과 같다. 하지만 문제는 CEO가 마음이 바뀌면 언제든 그 약속을 깨고 경영에 직접 개입할 수 있다는 것이다.

반면 이원집정부제는 주주(국민)가 선출한 이사회 의장(대통령)과 이사회(국회)가 선출한 전문경영인(총리)이 회사 정관(헌법)에 따라 '의장은 대외 업무를, CEO는 내부 경영을 책임진다'고 명시하고 서로를 견제하는 것과 같다. 이는 개인의 약속이 아닌, 바꿀 수 없는 회사의 규칙인 것이다.

결론적으로 책임 총리제는 '정치적 약속'에 가깝고, 이원집정부제는 '제도적 보장'이라는 점에서 근본적인 차이가 있다.

이원집정부제 下

약속과 배반의 여정

오늘날 러시아의 정치 현상을 살펴보기 위한 여정은 1991년 겨울, 크렘린궁의 붉은 깃발이 마지막으로 내려오던 그 순간에서 시작한다. 하나의 거대한 제국이 역사 속으로 사라지고, 그 자리에는 희망과 함께 심연과도 같은 불확실성이 남았다. 새로운 러시아는 국가를 재건하고, 민족 정체성을 확립하며, 시장 경제를 도입해야 하는 삼중의 위기에 직면했다.

러시아의 권력 구조는 대통령제와 의원내각제의 특징을 모두 가진 이원집정부제다. 국민이 직접 선출한 대통령이 국가원수로서 존재하고, 동시에 의회의 신임을 기반으로 하는 총리와 내각이 행정을 담당하는 이중 권력 구조를 갖추고 있다. 이는 국민이 선출한 대통령과 의회라는 두 개의 민주적 정당성이 공존하는 형태로, 이론적으로는 대통령과 의회가 권력을 나누어

2장 국가 권력은 누구에게서 나오나?

가지며 견제와 균형을 이루도록 설계된 체제다.

당시 러시아의 설계자들은 왜 대통령제와 의원내각제의 요소를 뒤섞은 이원집정부제라는 복잡한 길을 택했을까? 그 답은 당시 러시아가 처한 절박한 상황 속에 있었다. 소련 시절의 헌법은 모든 권력이 최고회의라 불리는 의회에 집중된 구조였다. 하지만 여러 민족들 간의 갈등과 정치적 혼란 속에서 나라가 해체되는 것을 막고 급진적인 경제 개혁, 이른바 '충격 요법'을 밀어붙이기 위해서는 강력한 리더십이 절실했다. 국민이 직접 선출한 대통령에게 강력한 권한을 주어 개혁의 엔진으로 삼되, 총리와 내각이 의회를 책임지는 구조를 통해 민주적 통제 장치도 마련하려 했던 것이다. 이는 결단력 있는 지도력과 민주적 책임성이라는 두 마리 토끼를 잡으려는 고육지책이었다.

하지만 이 새로운 시스템은 깨끗하게 닦인 대지 위에 세워진 것이 아니었다. 러시아는 70여 년간 공산당 일당 독재 아래 민주주의 경험이 전무했다. 당은 곧 국가였고, 국민들은 각자 고립되고 사회적 연대감이 약화되어 자신의 생존과 이익만을 추구하게 되었다. 이와 같은 소비에트 체제의 유산 위에 새로운 시스템이 어색하게 접목된 것이었다. 이 무거운 유산은 결국 새로운 러시아의 발목을 잡는 족쇄가 되고 말았다. 결국 이원집정부제라는 선택은 민주주의 모델에 대한 깊은 이념적 고찰의 산물이라기보다는, 소련 붕괴 이후의 혼돈을 수습하기 위한 절박하고 실용적인 처방이었던 셈이다.

1993년 헌법은 어떻게 권력의 요새가 되었나

1992년부터 1993년까지 러시아는 문자 그대로 두 개의 태양이 존재하는 듯한 극심한 혼란에 빠져들었다. 한쪽에는 급진적 시장 개혁을 밀어붙이는 보리스 옐친(Boris Yeltsin) 대통령이, 다른 한쪽에는 '경제적 집단 학살'이라며 개혁에 제동을 거는 루슬란 하스불라토프(Ruslan Khasbulatov) 의장이 이끄는 최고회의가 있었다. 대통령은 법률의 효력을 갖는 대통령령을 남발했고, 의회는 이를 무력화하는 법률을 쏟아내는 '법률 전쟁'이 벌어졌다. 정부는 마비되었고 국가는 표류했다. 이 대립은 1993년 9월, 옐친이 헌법을 무시하고 의회 해산을 선포하는 대통령령 제1400호를 발령하면서 파국으로 치달았다. 의회는 즉각 옐친을 탄핵하며 맞섰다. 결국 이 정치적 갈등은 모스크바 시내 한복판에서 유혈 충돌로 번졌다. 옐친의 명령을 받은 군대의 T-80 전차가 국회의사당을 향해 포탄을 발사했고, 러시아 혁명 이후 모스크바에서 가장 참혹한 시가전이 벌어져 수백 명의 사상자가 발생했다.

이 피비린내 나는 승리 직후, 옐친은 서둘러 헌법 회의를 소집했고, 그렇게 만들어진 새로운 헌법이 1993년 12월 국민투표를 통해 채택되었다. 이것은 국민적 합의의 산물이 아니었다. 승자가 패자에게 강요한 문서였고, 다시는 의회가 대통령에게 도전하지 못하도록 권력의 균형추를 대통령에게 완전히 기울여버린, 권력의 요새였다. 여기서 우리는 러시아 이원집정부제의 비극적 운명을 결정지은 '원죄'를 발견하게 된다. 1993년 헌법은 단순히 강력한 대통령제를 만든 것이 아니다. 그 탄생의 배경을 들여다보면 이 헌법의 근본적인 목적은 권력의 '균형'이 아니라 권력의 '종속'에 있었음을 알 수 있다. 의회를 무력으로 진압한 행위는 단순히 헌법 제정의 전주곡이 아니었다. 그것은 헌법의 정신을 규정하는 창립 행위 그 자체였다. 따라서 이 헌법의 유전자에는 처음부터 의회에 대한 불신과 적대가 깊이 새겨져 있었고, '초(超)대통령제'라는 특징은 민주적 설계의 결함이 아니라, 의회의 도전을 원천 봉쇄하려는 권위주의적 설계가 성공적으로 구현된 결과였던 것이다. 이 원죄가 러시아의 정치 시스템이 민주주의의 길에서 벗어나 독재로 향하는 경로를 예정했던 것일지도 모른다.

헌법 조문 속에 숨겨진 독재로의 길

학자들이 '초대통령제' 혹은 '차르적 대통령제'라 부르는 이 시스템의 핵심은 바로 대통령에게 부여된 막강한 헌법적 권한에 있다.

첫째, 러시아의 대통령령인 '우카즈(указ)'에는 막강한 힘이 있다. 러시아 대통령은 의회의 입법 절차를 거치지 않고도 사실상 법률과 같은 효력을 지니는 대통령령을 발할 수 있다. 이는 대통령이 의회를 완전히 우회하여 국정의 핵심 사안을 독자적으로 결정하고 집행할 수 있는 강력한 무기가 되었다.

둘째, 행정부를 완벽하게 장악하는 구조를 들 수 있다. 러시아의 하원인 국가두마(Государственная Дума)는 대통령이 지명한 총리의 인준을 거부할 수 있지만, 세 번 인준을 거부하면 대통령은 의회를 해산할 수 있다. 사실상 의회는 대통령이 내민 후보를 받아들일 수밖에 없는 구조다. 반면 대통령은 언제든 총리와 내각 전체를 해임할 수 있다. 의회가 정부 불신임안을 가결하더라도 대통령은 이를 한 번 무시할 수 있고, 두 번째 가결 시에는 내각을 해임하는 대신 의회를 해산해 버릴 수도 있다. 선택권은 언제나 대통령의 손에 있다.

셋째, 입법부에 대한 압도적 우위다. 대통령은 법률안 거부권을 가지는데, 이를 무력화하려면 상원과 하원 양원에서 각각 3분의 2 이상의 찬성이 필요하다. 수많은 정파로 나뉜 러시아 의회에서 이는 거의 불가능에 가까운 문턱이다.

마지막으로, 국가 권력의 핵심부를 직접 통제한다는 점이다. 대통령은 국방, 외무, 내무 등 핵심 부처와 연방보안국(FSB) 같은 모든 정보 및 안보 기관, 즉 '힘의 부처(силовые министерства)'를 직접 지휘한다. 또한 헌법재판소 재판관을 비롯한 모든 고위 법관을 사실상 임명함으로써 사법부까지 영향력 아래에 두게 된다.

결국 1993년 헌법은 형식적으로는 삼권분립이라는 민주주의의 기본 원칙을 따르고 있지만, 실상을 들여다보면 행정부, 특히 대통령이 입법부와 사법부 위에 군림하는 수직적 권력 구조를 제도적으로 완성한 것이었다. 견제와 균형의 장치는 애초부터 약하게 설계되었고, 쉽게 무력화될 수 있었던 셈이다.

이름뿐인 균형

형식적으로 러시아는 이원집정부제지만 그 기능은 제대로 작동하지 않는다. 대통령과 의회가 서르를 견제하며 균형을 이루는 대신 대통령에게 권력이 극단적으로 집중된 '초대통령제'로 변질되었기 때문이다. 이원집정부제의 핵심 기능인 권력 분점이 작동하지 않는 이유는 크게 세 가지로 볼 수 있다.

첫째, 헌법 자체가 대통령에게 절대적으로 유리하게 설계되었다. 앞서 살펴본 것처럼, 의회가 대통령의 총리 지명을 세 번 거부하면 해산될 수 있고, 정부 불신임안을 두 번 가결해도 의회가 해산될 수 있다. 이는 의회가 행정부를 견제하는 가장 강력한 수단인 총리 인준권과 내각 불신임권을 사실상 사용하기 어렵게 만드는 족쇄다. 의회는 대통령의 결정에 반대할 경우 자신들의 존립 자체가 위태로워지기 때문에 결국 대통령의 의사에 굴복할 수밖에 없는 구조적 한계를 안고 있다.

둘째, 대통령이 의회를 거치지 않고 국정을 운영할 수 있는 막강한 수단을 가지고 있다. 바로 법률과 같은 효력을 지니는 대통령령, 즉 '우카즈'다. 대통령은 이 대통령령을 통해 입법부를 우회하여 주요 정책을 결정하고 집행할 수 있다. 이는 의회의 입법권을 무력화하고, 삼권 분립의 원칙을 근본적으로 훼손하는 강력한 도구로 작동한다.

셋째, 제도화된 정당 정치의 부재다. 프랑스와 같은 안정된 이원집정부제 국가에서는 대통령의 정당과 의회 다수당이 다를 경우, 의회 다수당이 추천하는 인사를 총리로 임명하는 '동거정부'가 구성되어 권력의 균형을 맞춘다. 하지만 러시아에서는 사회에 깊이 뿌리내린 강력한 야당이나 정당 블록이 형성되지 못했다. 대신 크렘린(대통령궁)의 전폭적인 지원을 받는 '통합 러시아당'과 같은 거대 관제 여당이 의회를 장악하여 대통령의 정책을 뒷받침하는 역할을 할 뿐, 진정한 의미의 견제 세력으로 기능하지 못한다. 이로 인해 대통령과 의회 간의 건강한 긴장 관계가 형성되지 않고, 의회는 대통령의 권력을 뒷받침하는 하위 기구로 전락했다. 결국, 대통령에게 기울어진 헌법적 권력 구조, 대통령령이라는 비상 수단, 그리고 허약한 정당 체제라는 세가지 요소가 맞물리면서 러시아의 이원집정부제는 이름뿐인 제도로 남게 되었고, 그 기능은 사실상 마비되었다.

의회는 어떻게 대통령의 액세서리가 되었나

강력한 대통령에 맞서 권력의 균형을 잡아주어야 할 의회와 정당은 왜 그토록 무력했을까? 1990년대 러시아 정치판은 형식적으로만 정당행세를 할 뿐, 실질적으로 국민의 대표성을 갖추지 못한 '의사 정당(pseudo-party)'들의 난립 시대였다. 이들은 확고한 이념이나 사회적 기반 없이, 카리스마 있는 특정 인물을 중심으로 모였다 흩어지기를 반복하는 이합집산의 극치를 보여주었다.

소련 붕괴 초기, 공산당에 맞서 민주화의 기수 역할을 했던 '민주 러시아' 같은 대중 운동도 공동의 적이 사라지자 내부 분열로 급격히 쇠락했다. '시민 연맹'과 같은 중도 세력은 옐친과 강경 보수파 사이의 극단적인 대립 구도 속에서 설 자리를 잃고 1993년 총선에서 참패하고 말았다. 이렇게 정치의 중심이 텅 비어버린 것이다.

이런 제도적 공백을 이용해 크렘린궁을 등에 업고 실질적으로 러시아의 의회를 장악하는 정당이 등장했다. 이와 같은 정당을 일명 '권력 정당(партия власти)'이라고 하는데, 옐친 시절의 '우리집러시아'를 거쳐 푸틴 시대에 이르러서는 '통합 러시아당'이라는 막강한 조직으로 완성되었다. 이 권력 정당은 이념을 가진 정상적인 정당이 아니다. 그 존재 목적은 오로지 국가의 행정력과 언론을 총동원하여 선거에서 승리하고, 의회 내에 안정적인 친대통령 다수파를 확보하는 것이었다. 그 결과 의회는 토론과 견제의 장이 아니라, 대통령의 정책을 통과시키는 거수기로 전락하고 말았다.

여기서 우리는 강력한 대통령과 허약한 정당 체제 사이의 공생 관계를 발견하게 된다. 대통령령으로 통치하고 행정부를 마음대로 주무를 수 있는 '초대통령'에게는 독자적인 목소리를 내는 강한 정당이 필요 없다. 오히려 '통합 러시아당'처럼 충직하고 순종적인 도구가 훨씬 유용하다. 동시에, 사회에 깊이 뿌리내리지 못한 허약한 정당들은 대통령에게 도전하거나 그를 견제할 조직적 힘을 갖지 못한다. 결국 허약한 정당 체제는 대통령의 독주를 가능하게 하는 '결과'인 동시에, 그 독주가 계속될 수 있게 하는 '전제 조건'이기도 한 셈이다. 이 둘은 서로를 강화하며 러시아의 경쟁적 정치를 질식시키는 악순환의 고리를 형성한 것이다.

혼돈의 기억과 '강한 손'에 대한 갈망

1990년대는 대부분의 러시아인들에게 자유의 환희가 아니라 끔찍한 트라우마로 기억되고 있다. 국가적 굴욕, 살인적인 인플레이션으로 평생 모은 돈이 휴짓조각이 되는 경제 붕괴, 마피아가 활개치는 범죄의 만연, 그리고 소수의 올리가르히 (oligarch, 신흥재벌)들이 국유재산을 헐값에 독차지하는 부패의 시대였다. 이 혼돈의 기억은 러시아 사회에 깊은 상처를 남겼고, 안정과 질서에 대한 강력한 갈망을 낳았다.

어떻게 보면 이러한 갈망이 러시아의 역사적·문화적 토양과 만나 오늘날의 '초대통령'을 탄생시켰는지도 모른다. 러시아는 차르 시대부터 소련 서기장에 이르기까지 강력한 중앙집권적 통치에 익숙하다. 러시아인들에게 '강한 국가'와 '강한 지도자'는 자유를 억압하는 존재라기보다는 혼돈으로부터 자신들을 지켜주는 필수적인 보호자로 인식되는 경향이 있다. 여론조사에서도 종종 서구식 민주주의의 혼란스러움보다는 '강한 손'이 가져다주는 질서를 선호하는 태도가 나타나곤 한다.

이런 정치 문화를 설명하는 개념이 바로 '위임 민주주의(delegative democracy)'다. 국민이 선거를 통해 강력한 지도자를 선출한 뒤, 다음 선거 때까지 국정 운영의 전권을 그에게 '위임'하고, 그 사이에는 의회나 사법부 같은 제도적 견제를 성가신 방해물로 여기는 경향을 말한다. 이는 푸틴 시대에 이르러 '주권 민주주의(sovereign democracy)'라는 이데올로기로 발전했는데, 러시아의 민주주의는 서구와 달라야 하며, 국가의 주권과 전통을 최우선으로 해야 한다는 논리였다. 이는 서방의 비판을 차단하고 권위주의적 통치를 정당화하는 아주 편리한 명분이 되었다. 결국 러시아 민중과 권위주의적 통치 사이에는 일종의 암묵적인 사회 계약이 형성된 셈이다. 1990년대의 경험을 통해 '민주주의'는 곧 혼란과 빈곤, 국가적 쇠락과 동의어가 되었고, 푸틴으로 상징되는 '권위주의'는 안정과 경제 성장, 그리고 강대국으로서의 자존심 회복과 동일시되었다. 많은 러시아인들은 정치적 자유와 진정한 민주적 참여를 포기하는 대신, 경제적 안정과 국가적 자부심을 얻는 거래를 받아들인 것이다. 이것이 바로 서구식 자유 민주주의가 러시아에서 뿌리내리지 못하는 근본적인 이유 중 하나다. 크렘린이 그것을 억압하기 때문만이 아니라, 상당수의 민중이 그것을 1990년대의 트라우마로 회귀하는 길로 여기기 때문이다.

푸틴 시대와 권력의 수직화

오늘날 러시아의 정치를 이야기할 때 절대로 빼놓을 수 없는 존재가 바로 블라디미르 푸틴(Vladimir Putin)이다. KGB 출신의 그는 옐친 시대의 국가를 장악했던 올리가르히와 '세미야(Семья, 가족)'라 불리는 측근 그룹을 밀어내고, 자신과 같은 정보기관 출신들, 즉 '실로비키(силовики)'들을 권력의 핵심부에 포진시켰다.

푸틴의 시대는 한마디로 '권력의 수직화(вертикаль власти)'

를 구축하는 과정이었다. 푸틴은 옐친 시대에 각자도생하던 권력의 파편들을 다시 중앙으로, 즉 크렘린의 통제 아래로 복속시키고자 했다. 막강한 부와 권력을 누리던 올리가르히들을 길들이고, 한때 차르처럼 군림하던 지방 주지사들의 직선제를 폐지하여 중앙정부에 예속시켰으며, 대부분의 러시아인들이 정보를 얻는 국영 TV 방송을 완벽하게 장악했다. 또한 '외국 대리인법'과 같은 법률을 통해 독립적인 시민사회와 비정부기구(NGO)의 숨통을 조였고, '통합 러시아당'의 절대 우위 아래 몇몇 관제 야당만을 허용하는 '관리되는 민주주의'를 완성했다.

그리고 2020년 헌법 개정은 이 모든 과정의 화룡점정이었다. 이 개헌을 통해 푸틴 자신은 2036년까지 집권할 수 있는 길을 열었고, 대통령이 법관을 임명하고 해임할 수 있도록 하여 사법부에 대한 통제를 더욱 강화했으며, 국제법보다 러시아 헌법이 우위에 있음을 명시하여 외부의 간섭을 원천적으로 차단했다. 더 나아가 신에 대한 믿음, 남녀 간의 결혼, '역사적 진실'의 수호와 같은 보수적이고 민족주의적인 가치를 헌법에 새겨 넣어 이데올로기적 요새까지 구축했다.

이 모든 과정은 러시아의 진짜 헌법이 종이 위에 쓰인 법 조문이 아니라, 최고 권력자의 으지와 그를 따르는 비공식적 엘리트 네트워크에 의해 작동하는 '인치(人治)'임을 명백히 보여주었다. 옐친 시대의 세미야와 올리가르히, 푸틴 시대의 실로

비키와 같은 비공식적 권력 집단이야말로 러시아를 움직이는 실체였다. 2020년 개헌은 바로 이 '인치'라는 불문헌법의 현실을 '성문헌법'에 그대로 투영시킨 사건이었다. 법이 푸틴의 통치를 제약하는 것이 아니라, 푸틴의 영구 집권을 위해 법이 재단된 것이다. 이는 법치주의가 개인의 권력 앞에 완전히 무릎 꿇은 상징적인 순간이었다.

이원집정부제라는 이름으로 남은 것

러시아는 표면적으로는 여전히 이원집정부제라는 민주주의의 형식을 취하고 있다. 국민이 직접 뽑은 대통령이 있고, 총리가 있으며, 의회도 있고, 정기적으로 선거도 치러진다.

하지만 러시아가 이제껏 걸어온 길을 되돌아보면, 이 모든 제도들이 어떻게 그 속이 텅 비어버렸는지 알 수 있다. 대통령은 독재자에 가까운 '초대통령'이 되었고, 정부는 대통령의 행정 도구로 전락했으며, 의회는 거수기가 되었다. 선거는 통치자를 교체하는 경쟁의 장이 아니라, 현 통치자의 권력을 재확인하고 정당화하는 의례에 지나지 않는다.

결국 러시아의 케이스는 우리에게 중요한 교훈을 남긴다. 헌법적 틀만으로는 민주주의가 보장되지 않는다는 것이다. 민주주의적 정치 문화, 의회와 정당, 언론과 시민사회 같은 독립적이고 강한 제도들, 그리고 무엇보다 권력자들이 스스로 규칙을 지키려는 의지가 동반되지 않을 때, 이원집정부제라는 정교한 시스템의 강력한 권력 장치들은 오히려 민주주의를 파괴하고 세련되고 견고한 독재 체제를 구축하는 도구로 탈바꿈할 수도 있다. 제도적으로는 균형 잡힌 권력 구조를 약속하지만, 정작 그 제도의 폭력적인 탄생과 결함 많은 설계, 허약한 정치 환경, 그리고 권력을 한 손에 거머쥐려는 지도자들의 집요한 의지가 결합하면서 그 약속은 처참하게 바반당하고 만 것이다.

III

정치의 이상적理想的 실현

정당, 여론
그리고 정책

여론을 수렴하고 여론에 평가받는 집단

민주주의 국가에서 정치는 시민의 의사가 여론 수렴을 거쳐 정책에 반영되는 과정이다. 여론은 개별 시민의 생각과 바람에서 시작한다. "아이를 안심하고 맡길 국공립 어린이집이 부족하다", "출퇴근길 대중교통이 너무 복잡하고 시간이 오래 걸린다", "미세먼지가 심해서 건강이 걱정된다". 이는 어쩌면 매우 개인적이고 구체적인 문제일 수 있다.

이 단계에서 시민의 '의사'는 아직 흩어져 있는 목소리에 가깝다. 하지만 비슷한 '의사'를 가진 사람들이 모여 목소리를 내기 시작하면, 개인의 문제는 사회의 공통된 관심사, 즉 '여론'으로 발전한다.

언론과 미디어는 이런 문제들을 사회적 의제로 만들어 공론화한다. 정당(political party)이나 시민단체, 이익집단(interest &

civic group)은 토론회나 캠페인 등을 통해 사람들의 의견을 모으고 조직한다. SNS, 커뮤니티, 집회 등 다양한 방식으로 의견이 퍼져나가며 더 큰 목소리가 된다. 이 과정을 통해 '어린이집 부족'이라는 개인의 문제가 '보육 환경 개선'이라는 사회적 여론으로 성장하게 된다.

정당은 이러한 여론을 '공약'이라는 구체적인 정책 약속으로 만들어 선거에서 유권자에게 제시한다. 시민들은 '보육 환경 개선'을 해결해 줄 것이라 믿는 후보나 정당에 투표함으로써 그들의 의사를 가장 강력하게 행사한다.

일련의 정치 과정을 통해 전달된 여론은 국가기관에 의해 실질적인 '정책'으로 만들어진다. 선거에서 승리한 정당이나 정부는 '국공립 어린이집 확충 법안'을 만들고, 관련 예산을 편성해 공약을 실행에 옮긴다. 정부는 확정된 법과 예산에 따라 실제로 어린이집을 짓고, 보육교사 처우를 개선하는 등 정책을 집행한다.

이 과정은 한 번으로 끝나지 않는다. 시행된 정책에 대해 시민들은 다시 만족한다면 만족하는 대로, 불만이 있다면 불만을 느끼는 대로 새로운 '의사'를 표출한다. 이는 또 다른 여론을 형성하여 기존 정책을 보완하거나 새로운 정책을 만드는 순환 과정을 거친다. 이 끊임없는 순환과 피드백이 바로 건강한 대의민주주의의 모습이자 '정치'의 본질이다.

정당, 권력 획득을 목표로 하는 집단

정당은 정치권력을 추구하지만, 그 과정에서 정치적으로 중요한 기능을 수행한다. 우선 이익표출(interest articulation)과 이익집약(interest aggregation) 기능이다. 이는 사회의 다양한 요구를 정책으로 연결하는 핵심 과정이다. 쉽게 말해, 흩어진 목소리를 모아 의미 있는 정책 제안으로 다듬는 기능이라고 할 수 있다.

이익표출이란 시민이나 각종 단체가 자신들의 이익과 요구를 정치 체제에 표면적으로 드러내는 모든 활동을 의미한다. 이는 정치 과정의 가장 첫 단계로, 사회에 어떤 문제와 요구가 있는지를 알리는 과정이다. 주로 개별 시민, 이익집단(의사협회, 농민회, 노동조합 등), 시민단체(환경운동연합, 참여연대 등) 등이 중심이 되어 목소리를 낸다.

정당 역시 이익표출의 주체가 될 수 있지만, 더 중요한 역할은 이러한 표출된 이익들을 듣고 수렴하는 창구가 되는 것이다. 지역구 의원이나 당직자들이 간담회를 통해 주민들의 민원을 듣는 것이 대표적인 예이다. 이익집약은 이렇게 표출된 다양하고 때로는 상충하는 이익들을 모아 우선순위를 정하고, 다듬어서 구체적이고 실현할 수 있는 정책 대안으로 종합하는 과정이다. 이 기능은 주로 정당이 핵심적인 역할을 수행한다.

3장 정치의 이상적(理想的) 실현

부동산 정책의 끊임없는 순환

　노무현 정부(참여정부)의 '종합부동산세(종부세)' 도입은 정당이 정책을 결정하는 과정에서 여론을 수렴하고, 여론이 정책 실행을 평가하는 일련의 과정을 살펴볼 수 있는 좋은 사례다.

　2000년대 초반 이제 막 외환위기를 극복한 대한민국은 경제 전체를 살리기 위한 일종의 '응급 처방'으로 저금리 기조를 도입했다. 외환위기 당시 외국 자본의 이탈을 막고 원화 가치를 방어하기 위해 20%가 넘는 초고금리 정책을 썼는데, 이는 경제를 그대로 얼어붙게 만들었다. 이 '얼어붙은 경제'를 녹이기 위해 반대로 금리를 대폭 낮춘 것이다.

　외환위기를 거치며 기업들은 줄도산이 이어졌고, 대량 해고 사태로 실업률이 치솟은 상태였다. 당연히 가계는 지갑을 닫았고, 살아남은 기업들도 투자를 완전히 중단했다. 이렇게 꽁꽁 얼어붙은 소비와 투자를 되살리는 것이 당시 정부의 최우선 과제였다. 이를 위해 정부는 시중에 돈을 풀어 소비와 투자를 유도함으로써 경제 전체에 활력을 불어넣으려 했다. 2002년 카드 대란 사태도 이러한 내수 부양책의 연장선에서 발생한 부작용이었다.

　저금리 정책은 기업의 구조조정을 지원하기 위한 목적도 컸다. 외환위기의 직격탄을 맞은 기업들은 엄청난 빚더미에 올라 있었다. 만약 고금리가 계속됐다면 이자 부담을 견디지 못한 기업들의 대규모 파산으로 이어졌을 것이다. 정부는 부실기업을 정리하는 한편, 살아남은 기업들이 빚을 갚고 다시 일어설 수 있도록 숨 쉴 공간을 만들어 줘야 했다. 저금리 정책은 기업들의 이자 상환 부담을 직접적으로 덜어주는 효과가 있었다. 이를 통해 기업들은 부채를 줄이고 사업 구조를 재편할 시간을 벌 수 있었다.

때마침 찾아온 국제 경제도 저금리 기조에 영향을 미쳤다. 김대중 정부는 기존의 대기업 중심 경제 구조에서 벗어나 IT 산업을 새로운 성장 동력으로 삼으려 했다. 벤처 기업이 탄생하려면 값싼 자금 조달이 필요했다. 저금리는 벤처 기업들이 은행이나 투자자로부터 쉽게 돈을 빌려 사업에 뛰어들 수 있는 토양이 되었다.

여기에 2000년 미국 '닷컴 버블' 붕괴와 2001년 9·11 테러 이후, 미국 중앙은행(FED)의 경기 침체 방지를 위한 금리인하 또한 우리나라의 저금리를 유도했다. 이러한 세계적인 저금리 기조는 한국은행이 금리를 낮춰도 해외 자본이 급격히 빠져나가지 않도록 하는 안정적인 환경 또한 제공해 주었다.

저금리 정책의 부작용, 부동산 과열

이처럼 2000년대 초반의 저금리는 외환위기라는 전대미문의 충격에서 벗어나기 위해 선택의 여지가 없는 정책이었다. 세

3장 정치의 이상적(理想的) 실현

계적인 저금리 기조 속에서 한국만 고금리를 유지하기도 어려웠다. 하지만 동시에 이렇게 풀린 막대한 자금이 생산적인 투자 외에 부동산과 같은 자산 시장으로 흘러 들어가 과열을 일으키는 부작용도 만들어 냈다. 서울 강남을 중심으로 부동산값이 폭발적으로 상승하고 있었고, 집값의 급격한 상승은 자산 격차의 증대로 이어졌다. 자연스럽게 '브동산 불패 신화', '부동산 투기'에 대한 국민적인 분노와 비판 여론이 들끓기 시작했다.

언론과 시민단체는 부동산 투기로 너는 불로소득 문제를 지적하면서, 정부에 과세 제도를 뜯어고쳐서라도 부동산 투기를 막으라고 아우성을 쳤다. 이런 여론을 바탕으로 2002년 대통령 선거에 나온 노무현 후보는 "부동산 투기는 반드시 잡겠다"고 선언하면서, 부동산 가격 안정과 세금 형평성을 핵심 공약으로 내세웠다. 부동산에 대한 여론을 집약해 정책을 제안한 것이다.

노무현 정부(참여정부)는 2005년 부동산을 많이 가진 사람들에게 높은 세율의 세금을 매기는 '종부세'를 도입했다. 집을 여러 채 가졌거나 비싼 집을 가진 소유자에게 보유세를 무겁게 물림으로써 투기 심리를 억누르면 부동산 시장이 안정세를 찾을 것이라는 판단이었다. 이 외에도 양도소득세를 무겁게 매기고 주택담보대출 규제(LTV, DTI)를 강화하는 등 강력한 정책들이 계속 발표되었다.

하지만 종부세는 곧 엄청난 찬반 논란에 휩싸였다. 당시 한나라당(현 국민의힘)을 비롯한 보수 야권과 언론은 종부세를 '세금 폭탄'으로 규정하며 강하게 비판했다. 중산층과 1주택자에게까지 세금 부담이 과도하게 전가된다는 뜬소문으로까지 번지며 국민들의 불안감을 자극했다. 결국 여론은 종부세에 대한 한나라당의 공격을 지지하기 시작했다.

설상가상으로 강력한 정책에도 불구하고 임기 중 집값은 계속 오르고 있었다. 이는 "정책이 시장 안정에 실패했다"는 비판 여론으로 이어졌다. 이와 같은 상황이 지속되자 정부가 부동산 과열을 잡지도 못하면서 과도하게 사유재산권을 침해한다는 반발이 일기 시작했다. 시민단체와 진보 진영에서는 종부세가 조세 형평성을 높이고 부동산 불로소득을 환수하기 위해 필요한 개혁 조치라고 옹호했지만, 그 소리는 미약했다.

결국 종부세로 대표되는 부동산 정책에 대한 부정적 평가는 2007년 제17대 대통령 선거의 결과를 결정짓는 핵심 요인이 되었다. 한나라당 이명박 후보는 "과도한 부동산 세금을 완화"하겠다며 "종부세를 대폭 수정하겠다"는 공약을 내세웠다. 선거 결과, 이명박 후보가 압도적인 표 차이로 당선되었다. 이는 참여정부의 부동산 정책에 대한 국민적 심판의 성격이 매우 컸다.

정책에 대한 여론의 평가, 정책의 전환

부동산 이슈 속에 출범한 이명박 정부는 공약대로 종부세의 세율을 낮추고 과세 기준을 대폭 완화하는 등 참여정부의 부동산 정책을 상당 부분 되돌렸다.

이처럼 참여정부의 종부세 정책은 '부동산 안정'이라는 여론에 부응해 만들어졌지만 그 정책의 결과, 다시 '세금 부담'이라는 새로운 여론을 불러일으켰고 결국 여론은 다음 선거에서 정권 교체를 선택했다. 물론 부동산 과열이 계속된 것을 정책의 실패로만 평가할 수 있는지, 종부세가 세금폭탄이라는 주장이 사실인지 등 정확하게 분석하고 평가해야 할 부분은 많다. 하지만 참여정부의 부동산 정책이 여론의 형편없는 평가를 받은 것은 사실이다. 여론에 따른 정책결정과 그에 대한 여론의 평가에 따라 다시 정책 방향이 전환되는 순환 과정을 명확하게 보여주는 우리나라의 사례다.

여론의 선택을 받지 못한 부동산 정책, 끊임없는 순환

노무현 정부의 부동산 정책은 이명박, 박근혜 두 보수 정부를 거치면서 사실상 폐기되었다. 이명박 정부는 공급 확대를 통한 시장 안정화를 내세웠다. 박근혜 정부는 한 걸음 더 나아가 경기 부양을 위한 수요창출을 내걸었다. 시장은 이를 사실상 "빚내서 집 사라"는 메시지로 읽었다. 당연히 두 보수 정부에서도 부동산 시장은 안정되지 못했다.

연이은 보수 정부에 이어 2017년 집권한 문재인 정부는 다시 부동산 시장 안정화 정책을 내세웠다. 문재인 정부의 부동산 정책은 '투기 근절과 집값 안정'이라는 목표를 내걸었다. 다주택자의 투기 수요를 억제하고, 무주택 서민의 주거 안정을 돕겠다는 정책의 방향성 자체는 많은 국민의 공감을 얻을 수 있는 명분이었다.

문재인 정부는 임기 내내 20번이 넘는 부동산 대책을 발표했다. 그 핵심은 세금, 대출 규제, 정책을 총동원한 수요 억제였다. 다주택자에 대한 종합부동산세와 양도소득세 중과를 통해 투기 수요를 근절하려 했고, 투기과열지구 및 투기지역 지정을 확대하여 대출 규제[담보인정비율(LTV), 총부채상환비율(DTI)]를 강화했다. 또한, 계약갱신청구권제와 전월세상한제, 전월세신고제 도입을 골자로 하는 주택임대차보호법 및 부동산거래신고법, 일명 임대차 3법을 시행하여 임대차 시장의 안정을 꾀했다. 하지만 정책이 옳다고 하더라도 효과로 입증되지 못하면 국민의 지지를 받을 수 없다. 부동산 시장을 안정시키지 못한 부동산 정책들은 결과적으로 시장의 신뢰를 잃고 실패한 정책으로 평가받을 수밖에 없었다.

강력한 규제는 오히려 "지금이 아니면 영원히 집을 살 수 없다"는 불안감을 확산시켰다. 집을 사려는 쪽에서는 무주택자

3장 정치의 이상적(理想的) 실현

는 물론이고 젊은 층까지 일명 '영끌'(영혼까지 끌어모아) 매수에 나서면서 오히려 가격 상승을 부추기는 결과를 불러왔다.

반면에 양도세 중과로 인해 다주택자들은 매물을 팔기보다는 증여를 택하거나 버티기에 들어갔다. 이는 시장의 공급을 감소시켜 부동산의 희소성을 높였고, 가격 상승의 주요 원인이 되었다.

임대차 3법은 기존 세입자에게는 일시적인 안정감을 주었을지 모른다. 그러나 신규 계약에서는 집주인들이 4년치 인상분을 한꺼번에 반영하면서 전셋값이 폭등하는 결과를 낳았다. 또한, 집주인의 실거주 요건이 강화되자 전세 물건 자체가 사라지는 품귀 현상이 발생하며 전세 난민을 양산했다.

결과적으로, 수요를 억제하려던 정책이 오히려 공급을 줄이고 잠재 수요를 자극하는 역효과를 낳으며 역대 최고 수준의 부동산 가격 상승이라는 최악의 성적표를 받게 된 것이다.

신뢰를 잃은 정책, 등 돌린 여론

국민들이 민주당의 부동산 정책에 등을 돌린 것은 정책의 의도를 몰라서가 아니었다. 오히려 정책이 발표될 때마다 시장이 정반대로 반응하고, 내 집 마련의 꿈은 더 멀어지며, 전셋집마저 구하기 어려워지는 현실의 고통을 직접 겪었기 때문이다.

정부는 "정책이 곧 효과를 발휘할 것"이라고 반복했지만, 시간이 지날수록 자산 격차는 더욱 벌어졌다. 이러한 상황에서 '투기 세력과의 전쟁'이라는 정책의 명분은 공허하게 들릴 수밖에 없었다. 효과로 입증되지 못한 정책은 결국 선한 의도마저 퇴색시키며, "정부가 시장을 이길 수 없다"는 불신만 깊게 새기는 결과를 낳았다.

결론적으로 민주당 정부의 부동산 정책은 정책의 효과가 의도를 배반했을 때 국민의 지지를 얼마나 쉽게 잃을 수 있는지를 보여주는 대표적인 사례로 남게 되었다. 국민의 지지를 얻기 위해서는 정책의 방향성이 옳다는 믿음만으로는 충분하지 않으며, 시장의 복잡한 메커니즘을 이해하고 예측하여 국민이 체감할 수 있는 긍정적인 결과를 만들어 내는 능력이 무엇보다 중요한 것이다.

다시 부동산 안정화 정책을 꺼내든 이재명 정부

민주당의 부동산 안정화 정책은 윤석열 정부의 짧은 기간을 거쳐 2025년 이재명 정부에서 다시 추진되었다. 이재명 정부는 노무현, 문재인 정부와 달리 세금 규제나 공급 확대보다는 대출 규제에 집중해 부동산 시장을 안정화하는 정책을 추진하고 있다.

2주택 이상 보유자의 신규 주택 구매 대출을 금지해 전세를 끼고 투자용 부동산을 구입하는 갭투자를 사실상 금지했다. 더 나아가 규제구역 내 주택 구매 시 대출한도를 6억 원으로 제한

3장 정치의 이상적(理想的) 실현

해, 사실상 자기자본 없이 투기용 부동산 구매를 제한했다. 같은 맥락에서 실거주 의무를 강화해 주택담보대출 이용 시 6개월 내 실거주하지 않을 때 대출금을 회수하도록 했다. 이 외에도 LTV(담보인정비율)을 70%로 하향 조정하고 소유권 이전 조건의 전세자금대출을 금지하는 등 부동산 시장으로 흘러가는 자금줄을 조였다.

부동산 정책의 성패에 따라 정권이 변동되는 것은 아니다. 하지만 한국 가계 및 비영리단체의 순자산 중 부동산이 차지하는 비율은 75.5%에 달한다. 이는 금융자산(예금, 주식, 보험 등)의 비중을 훨씬 뛰어넘는 수치다. 우리나라 국민들이 부동산 시장의 흐름에 민감하지 않을 수 없는 이유다. 많은 국민들이 자산의 대부분을 부동산으로 보유하고 있는 상황에서 부동산 정책의 성패는 정권의 유지에 절대적 영향력을 미칠 수밖에 없다.

이재명 정부 초기 시장은 정부의 부동산 정책을 역대 가장 강력한 조치라 평가하고 있다. 이재명 정부 역시 노무현, 문재인 두 민주당 정부의 경험을 통해 부동산 정책의 성패가 정권 유지에 핵심 요소임을 익히 알고 있을 것이다.

집값 문제라는 민감한 여론이 이재명 정부에서 어떻게 수렴되어 어떠한 모습으로 실현되는지, 그리고 다시 여론에 어떻게 평가되는지는 앞으로 계속 지켜봐야 하는 정치 과정이다.

여당과 야당

집권 세력과 견제 세력

정당이 가지는 두 번째 기능은 정부의 조직과 통제다. 선거에서 승리한 정당은 통치권을 확보한다. 정당은 본질적으로 권력을 추구하는 집단이기 때문에 정당의 핵심 목표는 선거에서의 승리다. 정당은 이를 위해 다수 유권자의 지지를 얻을 수 있는 강령과 정책을 제시하고 모든 역량을 동원한다. 선거에서 승리해 집권당이 된 정당은 정부를 구성하여 국가 조직을 통제하며 정책을 주도한다. 반면 선거에서 패배한 정당은 야당이 되어 정부를 비판하고 견제하며 집권당과 다른 정책 대안을 제시한다.

내각제에서는 정당이 직접 통치행위의 주체가 되지만 우리나라와 같은 대통령제 국가에서 통치행위의 주체는 대통령이 된다. 정당은 대통령 후보를 지명하고 의회에서 대통령의 정책 결정을 지원하는 방식으로 통치행위에 참여한다.

3장 정치의 이상적(理想的) 실현

윤석열 정부의 출범

2022년 3월 10일 윤석열이 제20대 대한민국 대통령으로 당선되었다. 인수위 기간을 거쳐 윤석열의 임기는 2022년 5월 10일 시작되었다. 윤석열 정부 초기 내각은 주로 대선캠프와 집권 여당이 된 국민의힘 출신들로 구성되었다. 대표적으로 추경호 부총리 겸 기획재정부 장관, 권영세 통일부 장관, 박진 외교부 장관, 이영 중소벤처기업부 장관, 원희룡 국토교통부 장관, 김현숙 여성가족부 장관 등 주요 내각 인사들이 모두 국민의힘 또는 대선캠프 출신이었다.

윤석열을 대통령 후보로 내세워 대통령 선거를 치른 국민의힘은 윤석열의 당선으로 집권 여당이 되었다. 그렇기에 이제 막 당선된 새로운 대통령과 조화를 맞춰 정부를 구성하는 것은 당연했다. 지역이나 출신의 편중을 지적하는 여론은 있어도 야당 인사를 기용하지 않았다고 비판하지는 않았다. 집권 여당이 대통령과 발맞춰 국정을 운영하는 것은 정당 정치의 당연한 모습이기 때문이다.

반면 이재명 후보의 낙선으로 야당이 된 민주당은 정부를 비판하고 견제하며 집권당과 다른 정책 대안을 제시해야 했다. 특히 야당의 의석수가 여당보다 많은 여소야대(與小野大) 상황에서 야당의 견제 기능은 도드라졌다.

여소야대의 극한 대립

야당이 의회를 장악한 후 정부를 견제하는 과정은, 특히 22대 국회에서 도드라졌다. 제22대 국회에서 더불어민주당은 과반을 훌쩍 넘는 압도적인 의석수를 바탕으로 국회 원 구성과 의사일정을 주도하며 국회를 장악했다. 여소야대 상황에서 더불어민주당이 국회를 장악한 방법은 다음과 같았다.

2024년 4월 10일에 치러진 제22대 국회의원 선거에서 더불어민주당은 비례 위성정당인 더불어민주연합을 포함하여 총 175석을 차지하며 단독으로 과반 의석(151석)을 훌쩍 넘겼다. 반면, 여당인 국민의힘은 비례 위성정당인 국민의미래를 합쳐 108석을 얻는 데 그쳤다. 이러한 압도적인 의석수 차이는 야당인 더불어민주당이 국회 내 모든 표결에서 여당의 협조 없이 단독으로 의사결정을 할 수 있는 강력한 기반이 되었다.

국회법에 따르면 국회의장과 상임위원장은 국회 본회의 표결로 선출된다. 더불어민주당은 압도적인 의석수를 활용하여 국회의장직을 차지했으며, 관례적으로 여당과 나누었던 주요 상임위원장직 배분 협상에서 우위를 점했다.

개원 초기, 여야는 법제사법위원회(법사위)와 운영위원회(운영위) 위원장직을 두고 첨예하게 대립했다. 법사위는 법안의 최종 관문 역할을 하고, 운영위는 대통령실을 피감기관으로 두기 때문에 두 상임위 모두 막강한 권한을 가졌다.

3장 정치의 이상적(理想的) 실현

거대 야당의 국회 장악

더불어민주당은 '국민의 뜻'과 '일하는 국회'를 명분으로 내세우며, 법사위와 운영위를 포함한 11개 상임위원장을 단독으로 선출했다. 이는 여당의 반발 속에서 본회의 표결을 강행한 결과였다. 국민의힘은 더불어민주당의 상임위원장 독식에 반발하며 국회 일정을 거부했지만, 수적 열세로 인해 이를 막을 실질적인 방법은 없었다. 결국 협상 장기화에 따른 국정 공백을 우려하는 비판 여론에 밀려 나머지 7개 상임위원장직을 받는 것으로 합의하며 원 구성을 마무리할 수밖에 없었다.

결과적으로 더불어민주당은 핵심 상임위원장을 모두 장악함으로써, 자신들이 원하는 법안을 신속하게 심사하고 본회의에 상정할 수 있는 강력한 힘을 갖게 되었다. 이는 윤석열 정권 후반에 이르러서는 국회에서 채상병 특검법을 포함한 주요 법안을 발의하면 대통령이 거부권을 행사하는 상황이 반복적으로 이루어지는, 일명 '거부권 정국'으로 이어지는 결과를 낳았다.

더불어민주당은 장악한 국회 권력을 바탕으로 윤석열 정부와 여당이 반대하는 쟁점 법안 처리를 강행했다. 대표적인 사례가 바로 앞에서도 언급한 '채상병 특검법'이다. 더불어민주당은 국회의장 및 법사위원장 권한을 활용하여 채상병 특검법을 신속하게 본회의에 상정하고 통과시켰다.

협치가 아닌 거부권을 선택한 윤석열

윤석열 대통령이 특검법에 대해 거부권을 행사하자, 더불어민주당은 재표결을 시도하며 여당을 압박했다. 비록 재표결에서는 부결되었지만, 민주당은 22대 국회 개원과 동시에 특검법을 재발의하며 공세를 이어갔다.

이처럼 더불어민주당은 압도적인 의석수를 기반으로 국회의장단과 상임위를 장악하고, 이를 통해 자신들의 정책과 법안을 강력하게 밀어붙이며 정국의 주도권을 쥐고 국회를 이끌어 나갔다.

거부권 정국은 대통령제에서 집권 여당과 야당의 역할을 극명하게 보여주는 사례다. 야당은 정부를 견제하고 정부·여당과 다른 정책을 제시하는 방법으로 국민의 지지를 얻으려 한다. 반면 여당은 정부와 발맞춰 정책을 집행하며 국가를 성공적으로 운영해 나가야 한다. 만약 여론이 여당이 아닌 야당을 선택하게 된다면 집권 여당이 국회 소수당으로 전락하는 여소야대 상황이 발생하게 된다.

통치행위는 입법과 예산의 지원이 반드시 필요하다. 그렇기에 야당이 국회를 장악한 여소야대 상황에서 정부의 통치행위는 심각한 제약을 받게 된다. 여소야대의 제약을 극복하고 국가를 통치하는 것 역시 정부와 여당의 역할이다. 하지만 윤석열 정부는 21대 국회의 여소야대 정국을 현명하게 극복하지 못

3장 정치의 이상적(理想的) 실현

했다. 그 결과 여소야대 정국은 22대 국회로까지 이어졌고, 결국은 거부권 정국이라는 국회와 정부 간 극한의 대치 상태로까지 이어졌다.

쿠데타, 정당 정치의 거부

그럼에도 윤석열 정권은 야당과의 소통과 협력을 통해 여소야대 정국을 헤쳐 나가려 하지 않았다. 오히려 군사 쿠데타를 통해 야당을 탄압하고 인위적인 정계 개편을 시도했다. 그 결과 윤석열은 내란수괴 혐의로 임기 중 체포된 최초의 현직 대통령으로 기록되었다.

정당 정치를 인정하지 않은 윤석열에게 선택지는 쿠데타가 전부였을 것이다. 정당 정치는 민주주의를 지탱하는 핵심 제도이기 때문이다. 윤석열의 내란과 구속은 그것을 거부하고는 민주주의 국가를 운영할 방법이 없다는 것을 보여준 사례다.

정당에서 자라나는
새로운 얼굴

정치 인재 양성의 성공과 실패

　민주주의 시스템에서 정당이 수행하는 주요 기능의 하나는
정치 인재 충원이다. 각 정당은 각종 선거를 앞두고 당내 경선
등 선출 과정을 통해 그들을 대표할 후보자를 선출한다. 정당
의 공천을 받아 후보가 된 이들은 유권자의 선택을 받는 선거
라는 과정을 거쳐 정치 엘리트로 성장한다. 공천과 선거 그리
고 당선을 통해 충원된 정치 엘리트들은 지방 또는 중앙 정치
무대에서 성장할 기회를 제공받는다. 이는 그 자체로 정치 지
도자 양성 과정이기도 하다.

　내각제 국가에서 총리(그리고 야당의 당수)는 주로 긴 시간 동
안 정당과 내각에서 여러 가지 직책을 경험하며 역량을 키워
나간다. 대통령제에서도 주요 정당의 대통령 후보는 의회 정치
나 지방정치에서 오랜 시간 경험을 쌓았고 그 역할에 대한 평

　　　　　　　　　3장 정치의 이상적(理想的) 실현

가를 받은 이들이 대부분이다. 내각제와 달리 대통령제 국가에서는 정치적 경험이 거의 전무한 후보가 대통령 선거에 출마하여 돌풍을 일으키는 경우도 있다. 그러나 정당을 통한 정치 지도자의 육성은 이와 같은 정치적 아웃사이더의 등장 가능성을 낮추고 예측 가능한 정치를 가능하게 한다. 한편, 정당 정치가 발달한 서구 국가에서는 정당이 당 차원에서 젊은 당원, 지지자들에게 정치 교육과 리더십 훈련, 정책 프로그램 개발 등 다양한 교육을 시킴으로써 차기 지도자를 육성하는 기회를 제공하고 있다.

정당의 인재 양성은 인재 육성 프로그램, 당직자 등 내부 인재 발굴, 경선을 통한 신인 발굴 등 다양한 방식으로 운영되고 있다. 지금부터 이재명과 윤석열이라는 대비되는 사례를 통해 최근 그리고 앞으로의 인재 양성 발굴이 어떠해야 하는지 간접적으로 살펴보고자 한다.

성남시장에서 대통령까지, 인재 영입의 방향 제시

2025년 6월 3일 이재명 대통령은 제21대 대한민국 대통령으로 당선되었다. 민주당에 입당하여 여러 차례의 낙선 후 2010년 성남시장으로 당선된 이후 경기도지사를 거쳐 대통령에까지 이른 그의 이력은 정당의 '정치 엘리트 발굴 및 검증 기능'을 설명하는 매우 흥미롭고 중요한 사례다. 이재명의 사례는 과거의 중앙당 중심, 하향식 엘리트 육성 방식과 달리, '비주류 아웃사이더'가 정당이라는 플랫폼을 활용하여 대중적 지지를 기반으로 스스로를 증명하고 최상층부로 진입하는 새로운 경로를 보여주기 때문이다.

이재명이 정치 엘리트로 성장하여 대통령에 이르기까지 과정은 크게 세 단계로 나누어 볼 수 있다. 첫 단계는 '인재 발굴 단계'다. 전통적으로 정당은 중앙에서 잠재력 있는 인재를 발탁해 당직을 맡기거나 전략적으로 공천하며 엘리트로 키워나간다. 하지만 이재명은 시민운동가 출신의 변호사로서 당내 주류와는 거리가 먼 인물이었다.

경선 시스템을 통한 정치 엘리트 등용문

그가 주류 정치에 진입할 수 있었던 첫 관문은 정당의 공천 시스템이었다. 더불어민주당(당시 민주당)이 성남시를 경선 지역으로 선정하였고, 이재명은 이 기회를 통해 당의 공식 후보가 되었다. 이는 정당이 중앙에 주목받지 못하는 지역 단위 활동가에게도 제도권 정치로 진입할 수 있는 최소한의 발판은 마련해주고 있음을 뜻한다.

성남시장에 당선된 이재명은 부채 청산, 청년배당, 무상교복 등 파격적인 정책을 성공시키며 '유능한 행정가'라는 이미지를 구축했다. 이 시기는 그가 중앙 정치 무대에서 통할 수 있는 자신만의 정치적 브랜드(실행력, 개혁성)와 정책적 자산을 쌓는 중요한 인큐베이팅 기간이었다. 정당은 그에게 '성남시장'이라는 공적 무대를 제공했고, 그는 그 무대에서 자신의 가치를 증명해 냈다.

다음은 '육성 및 경쟁' 단계다. 성남에서의 성공은 그가 지역 정치인에서 전국구 정치인으로 도약할 수 있는 발판이 되었다. 대한민국 최대 광역단체장인 경기도지사 도전은 그의 정치적 시험대였다. 정당은 경기도지사 후보를 뽑기 위한 '경선'이라는 치열한 경쟁의 장을 열었다. 그는 당내 다른 유력 주자들과의 경쟁에서 승리하며 자신의 대중적 지지와 정치적 힘을 입증해야 했다.

치열한 경선을 통한 인적자원의 검증

이 과정은 후보의 정책, 비전, 위기관리 능력 등을 유권자와 당원들에게 공개적으로 검증받는 필터링 기능을 수행한다. 경선 승리는 그가 단순히 성남시를 잘 이끈 것을 넘어, 더 큰 조직과 예산을 운영할 능력이 있음을 당과 대중에게 공인받는 효과를 낳았다.

경기도지사로서 이재명은 계곡 불법 시설물 철거, 기본소득, 수술실 CCTV 설치 등 자신의 정책 브랜드를 경기도 전역으로 확장하며 전국적인 인지도를 쌓았다. 이는 그가 1,300만

인구를 책임지는 광역단체장으로서의 역할을 성공적으로 수행하며 대선주자로서의 자격과 무게감을 스스로 증명한 과정이었다. 정당은 그에게 더 큰 스케일의 검증 무대를 제공했다.

마지막으로 '발굴의 완성'이다. 경기도지사직의 성공적인 수행은 그를 유력 대선주자로 만들었다. 마침내 그는 정당의 공식 대선 후보가 되기 위한 최종 관문에 도전하기에 이르렀다. 더불어민주당의 대선 경선은 이재명 후보가 당의 주류 세력이 지지하던 이낙연 후보와 맞붙은, 그의 정치 인생에서 가장 중요한 승부처였다.

정치 엘리트의 검증과 성장의 플랫폼

마침내 경선에서 승리함으로써 그는 비주류 아웃사이더에서 당을 대표하는 공식 대선 후보로 전환되었다. 이는 당원과 지지자들의 직접적인 선택을 통해 이뤄진 것으로, 그의 리더십에 대한 민주적 정당성을 부여하는 핵심적인 과정이었다.

정당은 경선을 통해 '누가 가장 본선 경쟁력이 있는가?'라는 현실적인 질문에 대한 답을 찾고, 당의 모든 조직과 자원을 후보에게 집중시키는 결정을 내린다. 이재명 대통령의 사례는 현대 민주주의에서 정당의 엘리트 발굴 기능이 어떻게 작동하는지를 명확히 보여준다.

오늘날 정당은 더 이상 특정 엘리트를 일방적으로 낙점하는 방식이 아니라, 다양한 배경의 인물들이 경쟁하고 성장할 수 있는 플랫폼 역할을 한다. 이재명의 사례에서 경선 제도는 당원과 대중의 지지를 얻는 후보가 스스로를 증명하며 상위 단계로 올라갈 수 있게 하는 핵심적인 '상향식(bottom-up) 검증 시스템'으로 기능했다. 이재명과 같은 비주류 인물이 최상층부로 올라올 수 있는 시스템은 정당이 고인 물이 되지 않고, 시대정신과 민심을 반영하는 새로운 리더십을 수혈받아 역동성을 유지하고 스스로를 혁신하는 원동력이 된다.

결론적으로 이재명 대통령의 사례는 개인의 능력과 대중적 인기가 정당이라는 제도적 틀과 만나 어떻게 시너지를 내고, 결국 한 정당의 최고 리더로까지 성장할 수 있는지를 보여주는 교과서적인 예시라 할 수 있다.

손쉬운 명망가 영입, 인재 육성의 실패 사례 윤석열

윤석열은 2022년 3월 9일 제20대 대통령에 당선되었다. 그러나 2년 반 만인 2024년 12월 14일 국회에서 탄핵소추안이 가결되면서 대통령직이 정지되었다. 그리고 이듬해인 2025년 4월 4일 헌법재판소의 파면 결정으로 취임 3년여 만에 대통령직을 잃게 되었다.

12·3 비상계엄이라는 대한민국 민주주의의 절대적 오점을 남기고 탄핵당한 윤석열의 대통령 당선 과정은 정당의 전통적

인 인재 양성 시스템이 실패하고, 외부 영입이라는 손쉬운 길을 택했을 때 발생할 수 있는 위험성을 보여주는 대표적인 사례로 분석할 수 있다.

　윤석열의 대통령 당선을 정당 시스템의 실패로 규정하는 이유는 크게 세 가지로 살펴볼 수 있다. 우선 검증 시스템의 실종이다. 윤석열을 영입한 국민의힘은 그의 정치력과 국정 경험을 전혀 고려하지 않았다. 정당의 인재 양성 시스템은 단순히 사람을 키우는 것뿐만 아니라, 다양한 정치적 상황 속에서 후보의 자질, 위기관리 능력, 소통 및 협상 능력 등을 종합적으로 검증하는 과정을 포함한다.

검증의 포기, 윤석열의 영입

　하지만 윤석열은 검찰총장으로서 수사 및 사법영역의 특정 분야에서는 능력을 인정받았을지언정 국정운영 능력은 전혀 검증되지 않은 인물이었다. 검찰 경력은 위계적인 조직 내에서의 경험으로 국정운영의 필수적인 타협, 설득, 갈등 조정, 의회와의 협력 등 '정치력'에 대해서는 의문점이 들 수밖에 없었다. 정당 시스템이 제대로 작동했다면, 초선 의원, 상임위원장, 당 대표 등 여러 단계를 거치며 이러한 정치력을 자연스럽게 학습하고 검증받았어야 했다.

　정당은 당내 경선, 정책 토론회, 언론 인터뷰 등을 통해 후보의 국정 철학과 비전을 촘촘하게 검증한다. 그러나 당시 국민의힘은 오로지 문재인에 대한 반대, 즉 '반문(反文) 정서'라는 단일 동력에만 의존했다. 그리고 이러한 정서는 제1야당이라는 거대 정당이 윤석열의 일시적인 높은 지지율에 편승하는 결과로 이어졌다. 후보의 국정운영 준비 상태를 심도 있게 검증하는 과정을 사실상 생략한 것이었다. 이는 마치 최고의 외과의사에게 병원 전체의 경영을 맡기는 것과 비슷한 오류를 범한 셈이다. 수술 실력과 병원 경영 능력은 전혀 다른 차원의 문제로, 수술을 잘한다고 병원 경영 능력이 입증되는 것은 아니기 때문이다.

또 다른 포기, 인재 양성

다음은 '인재 양성'의 포기 단계다. 정당의 중요한 기능 중 하나는 당의 가치와 철학을 공유하는 인재들을 꾸준히 발굴하고 키워내, 당의 미래를 책임질 지도자로 성장시키는 것이다. 그렇기에 외부 인사를 대통령 후보로 직행시키는 것은 수십 년간 당에 헌신하며 차근차근 성장해 온 내부 정치인들의 노력을 무의미하게 만든다. 이는 당원들의 사기를 저하시키고 "고생해서 성장해봤자 결국 밖에서 인기 있는 사람을 데려온다"는 패배감을 심어준다. 이는 장기적으로 당의 인재 풀이 고갈되고 내부 경쟁력이 약화되는 원인으로 작동될 것이다.

내부에서 성장한 리더는 당의 역사와 문화를 공유하며, 당
직자 및 의원들과 깊은 유대감을 형성하게 된다. 반면, 외부에
서 영입된 리더는 당에 대한 이해나 애정이 부족할 수밖에 없
다. 이는 당의 시스템보다는 자신을 따르는 소수의 측근에 의
존해 국정을 운영할 위험성으로 이어지고, 결국 대통령과 집권
여당 간의 엇박자나 갈등으로 이어지기 쉽다. 실제로 윤석열은
집권여당인 국민의힘을 마치 자신의 사당인 것처럼 여겼다.

윤석열 개인의 권력 장악을 위한 플랫폼

마지막으로 철학의 부재에 따른 플랫폼 정당화다. 이재명의
사례에서 정당이 정치 엘리트들에게 검증과 훈련의 장을 제공
하는 플랫폼의 역할을 했다면, 윤석열 사례에서는 오로지 개인
의 선거 승리를 위한 플랫폼으로 전락했다. 정당은 단순히 선
거 승리를 위한 조직이 아니라, 고유의 정치 철학과 비전을 국
민에게 제시하고 실현하는 이념 공동체다. 하지만 윤석열의 영
입은 보수 정당으로서 국민의힘이 추구하는 가치나 정책적 비
전을 중심으로 후보를 선택한 것이 아니었다. 오직 선거 승리
라는 단기적 목표를 위해, 당시 가장 지지율이 높은 인물을 간
판으로 빌려온 것에 불과했다.

이처럼 정당이 철학 없이 유력 후보에게 자신을 빌려주는
플랫폼으로 전락하면, 정치는 구심점을 잃고 후보 개인의 인기

에만 의존하게 된다. 대통령의 인기가 떨어지거나 국정운영에 실패했을 때, 당은 함께 책임지고 대안을 제시하는 대신 대통령과 거리를 두며 비판자로 돌변하기 쉽다. 그리고 이는 국정의 불안정성을 심화시키는 결과를 낳게 된다.

윤석열이 야당과 극단적으로 대립하며 국정이 마비되어 윤석열의 지지율이 곤두박질치자, 국민의힘 지지율 역시 함께 추락했다. 이어 윤석열이 12·3 비상계엄으로 인하여 탄핵당하자, 국민의힘은 탄핵에 찬성한 세력과 반대한 세력이 소위 찬탄, 반탄으로 나뉘어 심각한 분열을 맞았고, 결국 분당 위기에까지 직면해야 했다. 이는 살아있는 권력을 수사한다는 신기루에 편승했던 일시적 지지율에 기대어 자신의 정체성을 포기하고 윤석열 개인의 플랫폼으로 전락한 정당의 말로를 보여주는 사례일 것이다.

결론적으로, 윤석열 대통령의 사례는 정당이 시간과 노력이 드는 인재 양성을 포기하고 손쉬운 '열매 따기'에만 집중했을 때, 정당의 근간이 얼마나 흔들릴 수 있는지를 보여주는 비판적 교훈으로 평가될 수 있다. 단순히 한 개인의 성공이나 실패를 넘어, 대한민국 정당 정치의 구조적 취약성을 드러내는 중요한 지점이다.

한 표의 값

민주주의에 대한 경제학적 접근법

"위기상황에서 정부가 국민을 어떻게 보호하느냐에 그 정부의 존재 이유가 있는 것인데, 이 정부는 정부의 존재 이유를 증명하지 못한 것 같습니다"

윤석열이 지난 2021년 8월 12일 오전 채널A 뉴스 라이브 전문가 간담회에 전직 검찰총장 자격으로 출연해 문재인 정부의 백신 도입 등 방역 대책을 비판하면서 한 말이다. 후단은 논란의 여지가 있지만 전단, "국민의 보호에 정부의 존재 이유가 있다"는 이론의 여지가 없는 명제다.

약 2년이 지난 2023년 7월 17일 윤재옥 당시 국민의힘 원내대표는 "대통령이 서울로 뛰어간다고 해도 집중호우 상황을 바꿀 수 없다"고 말했다. 집중호우로 50여 명의 국민이 죽거나 실종된 상황에서도 해외 순방 일정을 모두 마치고 늦게 귀국한 윤석열의 행동을 변명하는 발언이었다.

강 건너 불구경 하는 대통령

게다가 늦게 귀국한 윤석열은 산사태 피해지역인 경상북도 예천군 일대를 찾아 이재민들과 대화를 나누면서 "저는 해외에서 산사태 소식을 듣고 '그냥 주택 뒤에 있는 산들이 무너져서 민가를 좀 덮친 모양'이다. 이렇게만 생각했지 몇백 톤짜리 바위가 산에서 굴러 내려올 정도로…… 이런 건 저도 지금까지 살면서 처음 봐서…… 얼마나 놀라셨겠나"라고 말했다. 해외에 체류하면서 국내 호우피해 상황을 제대로 보고받지 못했다는 자백이었다. 더욱이 한순간에 삶의 터전을 잃은 이재민의 피해를 전혀 공감하지 못하는 태도였다.

대통령을 꿈꾸던 윤석열은 문재인 정부의 코로나19 팬데믹 대처를 비판하며 정부의 존재 이유는 국민의 보호라고 외쳤다. 하지만 대통령이 된 윤석열은 집중호우로 엄청난 재해가 발생하고 있는데도 끝끝내 해외 순방 일정을 모두 소화하고 뒤늦게 귀국해서는 "그냥 주택 뒤에 있는 산들이 좀 무너져서 민가를 좀 덮친 모양"이라는 어처구니없는 발언을 했다.

그때와 지금의 윤석열… 너무나도 다르다

대통령이 되고 싶던 윤석열과 대통령 윤석열의 발언은 너무나도 모순되어 같은 사람의 입에서 나온 말인지 의심이 될 정도다. 민주주의 사회에서 어떻게 이처럼 모순된, 특히 국민의 안전에 대해 모순된 태도를 보이는 이가 대통령에 당선되어 직을 수행하고 있는지 의심될 정도였다. 하지만 견해에 따라서 대통령 윤석열의 행동이 지극히 정상적으로 읽힐 수도 있다.

민주주의에 대한 정의는 수없이 다양하다. 다양한 정의 중에는 비교적 다수의 지지를 얻는 이론들도 있지만 정답이라고 인정되는 하나의 이론은 없다. 이들 이론 중에는 민주주의를 '인민에 의한 정부'가 아닌 '인민에 의해 승인된 정부'로 바라보는 정의도 있다. 슘페터(Joseph Schumpeter)나 다운스(Anthony Downs)와 같이 민주주의를 경제학적 측면에서 바라보고 해석하는 이들의 입장이다.

이들의 주장에 따르면 민주주의는 권력을 쟁취하기 위한 정치 엘리트들이 벌이는 경쟁의 장이다. 유권자의 표를 얻기 위한 정치인들의 경쟁은 시장에서 소비자들의 선호를 얻기 위한 생산자들의 경쟁과 본질에서 다를 것이 없다. 그렇기에 시장에서 소비자들이 돈을 지급하고 상품을 구매하듯 정치영역에서 유권자들은 표를 주고 정책을 구매한다.

3장 정치의 이상적(理想的) 실현

정치인은 유권자에게 팔려야 하는 상품이다

유권자의 표를 얻어야 하는 대통령 지망생 윤석열은 그들이 기꺼이 한 표를 지급할 수 있는 상품이 되어야 한다. 코로나 19 팬데믹 앞에서 "독감 정도되는 유행병인 줄 알았는데, 생각보다 심각하네요"라고 말했다가는 결코 유권자의 표를 얻지 못했을 것이다. "위기상황에서 정부가 국민을 어떻게 보호하느냐에 그 정부의 존재 이유가 있다"처럼 그럴싸한 포장을 씌어야 유권자들은 기꺼이 한 표를 준다. 그렇기에 정책으로 유권자의 표를 사야 하는 대통령 지망생 윤석열의 입에서 "정부의 존재는 국민의 보호다"와 같은 명언이 나온 것이다.

여기서 더 주목해야 할 것은 이어지는 발언이다. "이 정부는 정부의 존재 이유를 증명하지 못한 것 같습니다"라며 경쟁자인 문재인 정부에 대한 비난을 잊지 않은 것이다. 민주주의를 경제학적으로 접근한 다운스는 국민이 정치에 무관심한 것은 당연하다고 주장한다. 국민에게는 언제나 정치적 판단을 위한 충분한 정보가 주어지지 않는다. 올바른 정치적 판단을 위해 스스로 정보를 습득하고 판단하기 위해서는 지나치게 높은 비용이 든다. 이러한 과정을 통해 유권자로서의 한 표를 행사한다면 그 한 표는 너무나도 비싸질 것이다. 그렇기에 대부분의 유권자는 그만큼 비싼 값을 지급하면서 한 표를 행사하려 하지 않는다. 아니, 그런다면 오히려 비합리적인 행동이 될 것이다.

정치인들은 더욱 수월하게 자신의 표를 행사하고자 하는 유권자들의 심리를 이용해야 한다. 자신은 비싼 물건으로 포장하고 상대는 싸구려로 헐뜯어야 한다. 자신은 국민의 안전을 보호할 수 있는 값비싼 물건으로 포장하고, 동시에 상대방은 국민의 보호에 실패한 존재 이유가 없는 정부, 즉 싸구려 물건으로 깎아내리면 유권자들은 그에게 비싼 한 표를 행사할 것이다.

나를 포장하고 상대를 깎아내야 표를 얻을 수 있다

이러한 측면에서 본다면 "위기상황에서 정부가 국민을 어떻게 보호하느냐에 그 정부의 존재 이유가 있는 것인데, 이 정부는 정부의 존재 이유를 증명하지 못한 것 같습니다"라는 대통령 지망생 윤석열의 발언은 정치적으로 매우 세련된 발언이었다.

하지만 자신을 비싸게 포장하고 상대를 싸구려로 깎아내리면서 대통령이 되고 나서부터는 더는 유권자의 표를 사기 위해 노력할 필요가 없어진다. "대통령이 서울로 뛰어간다고 해도 집중호우 상황을 바꿀 수 없다"라며 집권당의 원내대표가 대통령의 존재가 국민의 보호와 관련 없다고 해석될 발언을 하고, 산사태 이주민을 찾아 "그냥 주택 뒤에 있는 산들이 무너져서 민가를 좀 덮친 모양"이라며 방관자적 태도를 보여도 문제될 것이 없다. 이미 유권자의 표를 샀고 심지어 그것은 환불조차 되지 않는다.

3장 정치의 이상적(理想的) 실현

비싼 값을 주고 이미 표를 샀음에도 불구하고 그 대가를 계속 해서 치러야 하는 것은 합리적 행동이 아니다. 대통령 윤석열과 대통령 지망생 윤석열의 말과 태도가 이처럼 모순된 이유다. 겉으로는 모순될 수 있겠지만, 권력을 쟁취하겠다는 욕망과 그것을 얻기 위한 합리적인 선택의 측면에서 본다면 전혀 모순된 태도가 아니다. 오히려 일관된 태도다.

하지만 민주주의를 경제학적 측면에서 분석한 이론에 따르면 국민 또한 합리적 행동을 하는 주체다. 유권자들은 대통령 윤석열의 모순된 태도를 보고 자신들이 불량 상품을 샀다고 후회하기 시작했다. 2023년 7월 집중호으 사건 이후 대통령 지지율이 30% 초반에서 벗어나지 못했던 것이 이를 증명한다.

윤석열 대통령은 국민들의 지지 철회와 불만에 계엄을 선포하는 무리수를 두었다. 하지만 이는 오히려 시민들의 강력한 저항과 분노를 일으켰다. 결국 윤석열 대통령의 모순된 태도와 계엄 선포는 최종 결과에서 합리적이었다고 평가받지 못했다. 유권자들은 불량 상품을 환불할 수 없는 상황에서 자신들의 주권을 다시 행사해 대통령을 탄핵하는 선택을 했다. 합리적인 유권자들은 대통령의 모순된 말과 행동이 권력을 쟁취하기 위한 일관된 합리적 선택이었다는 것을 주권 행사로 심판한 것이다.

승자가 모든 것을 차지한다

36%가 55%를 이기는 법

대한민국은 각종 선거에서 유효득표수의 최다 득표자를 당선인으로 선정하는 방식, 즉 단순다수제를 선택하고 있다. 2022년 3월 9일 치러진 제20대 대통령 선거에서 국민의힘의 윤석열 후보와 더불어민주당의 이재명 후보의 표 차이는 247,077표였다. 득표율로는 0.73%p에 불과한 수치였다. 하지만 0.73%p의 차이에 한 명은 대통령, 다른 한 명은 낙선자가 되었다.

0.73%p 차이로 당선되었다고 해도 윤석열 후보의 득표율은 48.56%p로 과반에 가까웠다. 물론 이재명 후보 역시 47.83%p를 득표했지만, 24만 표를 더 받은 윤석열의 승리는 정당했다. 하지만 2.37%p를 득표한 정의당 심상정 후보를 고려한다면 과연 윤석열의 승리가 정당한지에 대한 의문을 지울 수는 없다. 굳이 분류하자면 국민의힘을 보수로, 더불어민주당과 정의

       3장 정치의 이상적(理想的) 실현

당을 진보진영으로 구분할 수 있다. 그렇다면 국민의 과반인 50.2%p가 진보를 선택했음에도 48.56%p의 득표에 그친 보수 후보가 당선된 결과이기 때문이다. 다수의 후보 중 최고 득표자가 모든 것을 가져가는 단순다수제 선거방식이 민의를 왜곡시킬 수도 있는 것이다.

하지만 보수 후보도 과반에 근접한 48.56%를 득표했고, 더불어민주당과 정의당의 이념적 유사성이 높다고만은 할 수 없으므로 제20대 대선을 단순다수제가 민의를 왜곡시킨 사례로 분석하는 데에, 선뜻 동의하기 어려울 수도 있다. 그렇다면 1987년도에 치러진 제13대 대통령 선거를 살펴본다면 단순다수제가 민의를 왜곡시킬 위험성에 공감하게 될 것이다. 이때의 대통령 선거는 단순다수대표제가 어떻게 대다수 국민의 뜻을 정반대로 뒤집어 놓을 수 있는지를 보여주는 가장 고통스럽고 극적인 역사적 사례이기 때문이다.

민주화 열망의 폭발과 야권의 분열

1987년 6월 29일은 '6월 민주 항쟁'을 통해 국민이 16년 만에 대통령을 직접 뽑을 권리를 되찾은 뜨거운 순간이었다. 군사독재를 끝내고 민주정부를 세워야 한다는 국민적 열망은 그 어느 때보다 높았고, 그 중심에는 민주화 운동의 두 거목, 김영삼(YS)과 김대중(DJ)이 있었다.

당연히 국민들은 군사정권의 후계자인 노태우 후보에 맞서 두 지도자가 힘을 합쳐 단일 후보를 내주기를 간절히 바랐다. 만약 단일화가 성사된다면, 민주 세력의 승리는 거의 확실시되는 분위기였다.

그러나 두 지도자는 서로 자신이 더 경쟁력 있는 후보라고 주장하며 끝내 양보하지 않았고 결국 후보 단일화는 결렬되었다. 이는 민주화를 바라던 국민들에게는 첫 번째 절망이었고, 선거 결과를 비극으로 이끈 결정적인 원인이었다.

55%의 '민주'가 36%의 '군정'에 패배하다

1987년 12월 16일, 투표 결과는 많은 국민에게 충격을 안겨주었다. 민주정의당의 노태우 후보가 36.6%p를 득표해, 28.0%p를 득표한 통일민주당의 김영삼 후보와 27.0%p를 득표한 평화민주당의 김대중 후보를 꺾고 1위를 차지했다. 수치상으로는 노태우 후보가 1위를 차지했기에 대통령 당선은 당연했다. 하지만 이 숫자 뒤에는 민의의 심각한 왜곡이 숨어있었다.

통일민주당과 평화민주당은 사실상 뿌리가 같고, 목적도 동일한 쌍둥이 같은 정당이었다. 두 정당의 분열은 이념이나 정책의 차이가 아니라, '누가 대통령 후보가 될 것인가'를 둘러싼 두 지드자의 갈등 때문에 발생했다. 두 정당은 모두 신한민주당에 뿌리를 두고 있었다. 전두환 군사정권에 맞서기 위해 민주화를 열망하는 모든 세력이 뭉친 강력한 야당이었다. 이 정당의 실질적인 지도자가 바로 김영삼과 김대중, 소위 '양김(兩金)'이었다.

양김의 목표는 오직 하나, '군부 독재 종식과 대통령 직선제 쟁취'였다. 이 거대한 목표 아래 모든 정책과 이념적 차이는 부차적인 문제로 여겨졌다. 1987년, 6월 민주 항쟁으로 국민들이 대통령 직선제를 쟁취하자, 이들은 통일민주당을 창당하며 본격적인 대선 준비에 나서기 시작했다. 이때까지도 둘은 같은 배를 탄 동지였다.

대통령 직선제라는 목표를 달성한 후, 양김은 결정적인 갈림길에 서고 말았다. 바로 누가 민주 진영의 단일 대통령 후보가 될 것인가 하는 문제였다. 김영삼은 "내가 제1야당의 총재이고, 더 폭넓은 지지를 받고 있으니 내가 후보가 되어야 한다"고 주장했다. 반면 김대중은 "내가 군부 독재 시절 더 많은 희생을 치렀고, 호남 지역의 압도적 지지를 받고 있으니 내가 나가야 한다"고 반박했다.

서로의 명분과 지지 기반이 워낙 확고했기 때문에 양보는 불가능했다. 결국 수많은 국민의 단일화 염원에도 불구하고 김대중 총재가 자신을 지지하는 세력을 이끌고 통일민주당을 탈당하여 평화민주당을 창당하는 분당(分黨)의 길을 걷고 말았다.

두 정당은 사실상 당명과 대표자만 달랐을 뿐, 그 내용은 거의 같았다. 두 정당 모두 군사정권 종식, 민주주의 회복, 대통령 직선제 수호, 정치사찰 중단 및 정치범 석방, 언론 자유 보장 등 사실상 동일한 가치를 내세웠다.

차이점이라면 오직 인적구성밖에 없었다. 통일민주당은 김영삼을 중심으로 한 상도동계와 비주류 세력으로, 평화민주당은 김대중을 중심으로 한 동교동계 인사들로 구성되었다. 즉, 지도자를 따라 당이 나뉜 것이지, 이념에 따라 갈라선 것이 아니었다. 통일민주당과 평화민주당은 '군부 독재 타도와 민주화'라는 공동의 목표를 가진, 사실상 하나의 정치 세력이었다. 그러나 대통령 후보 자리를 둘러싼 두 거물 정치인의 경쟁이 결국 분당으로 이어진 것이다. 따라서 이들의 관계는 이념적 차이로 갈라선 정당이 아니라, 같은 목표를 향해 가다 리더십 다툼으로 갈라선 '두 개의 파벌'로 이해해야 한다. 그렇다면 김영삼 득표율(28.0%p)과 김대중 득표율(27.0%p)을 합한 55.0%의 국민이 군부 독재 종식과 민주주의를 선택한 것이다. 국민의 55%, 즉 과반수가 넘는 유권자가 군사정권 종식이라는 명확한 의사를 표현했다. 그러나 이 거대한 민의는 두 후보로 갈라졌고, 그 결과 전체 유권자의 약 3분의 1(36.6%)의 지지만을 받은 노태우 후보가 어부지리로 당선되고 말았다. 이는 국민 10명 중 6명 이상이 반대한 후보가 나라의 대표가 되는, 민주주의 원리에 정면으로 위배되는 역사적 아이러니였다.

단순다수제의 함정

이러한 비극적인 결과는 오롯이 1등만 모든 것을 차지하는 단순다수제 선거 방식의 함정 때문이었다. 단순다수제는 2등, 3등이 얼마나 많은 표를 받았는지는 전혀 고려하지 않는다. 단 한 표라도 더 받은 1등 후보가 모든 권력을 가져간다.

이념이나 정책이 유사한 후보가 여러 명 나오면, 지지층이 분산되어(vote splitting) 결국 정반대의 성향을 가진 후보가 반사이익을 얻게 된다. 1987년 선거에서 '민주화'라는 더 큰 파이를 원했던 55%의 유권자는, 그 파이가 YS와 DJ라는 두 조각으로 나뉘면서 '군정 연장'이라는 더 작은 파이(36.6%)에게 패배한 것이다.

만약 당시 결선투표제가 있었다면 역사는 완전히 달라졌을 것이다. 1차 투표에서 과반 득표자가 없었으므로, 1위 노태우 후보와 2위 김영삼 후보가 결선을 치렀을 것이다. 이 경우, 김대중 후보를 지지했던 27%의 표는 대부분 김영삼 후보에게로 향했을 것이고, 민주 세력은 50%가 넘는 압도적인 지지로 정권 교체에 성공했을 것이다.

1987년 대선은 후보 단일화 실패라는 정치적 과오와 함께, 다수의 국민이 원했던 변화를 가로막고 오히려 소수의 지지를 받는 후보를 당선시킨 단순다수제의 구조적 맹점을 대한민국 역사에 고통스럽게 새겨놓은 비극적 사건이었다.

단순다수제의 또 다른 비극, 3당 합당

단순다수제에 의한 민의, 정치의 왜곡은 1987년 대선 직후 다시 일어나고 말았다. 1990년 3당 합당은 1등만 살아남는 단순다수제 투표 방식이 낳은 필연적인 정치적 괴물이었다. 3당 합당은 선거 제도의 특징과 정치인들의 전략적 계산이 어떻게 맞물리는지를 보여주는 대표적인 사례로 기록되어 있다.

1988년 제13대 총선 역시 단순다수제로 치러졌다. 그 결과, 노태우 대통령의 집권당인 민주정의당은 전체 의석의 과반수를 확보하지 못하는 여소야대 국회가 만들어졌다. 1987년 대선의 결과를 본다면 당연한 결과였다.

집권여당인 민주정의당이 125석을 확보한 반면 평화민주당과 통일민주당은 164석을 확보했다. 대통령이 국정을 안정적으로 운영하기 매우 어려운 구조였다. 법안 하나, 예산안 하나 통과시키기 위해 거대 야당의 눈치를 봐야 하는 상황이 예상됐다. 노태우 정권 입장에서는 이 정치적 교착 상태를 어떻게든 돌파해야 했다.

단순다수제의 법칙, "뭉쳐야 이긴다"

단순다수제는 승자독식(winner-takes-all)이라는 냉혹한 법칙이 지배하는 시스템이다. 특히 대통령 선거에서 그 효과는 극대화된다. 정치인들은 바로 직전 선거인 1987년 대선에서 이 법칙을 뼈아프게 경험했다. 이 경험을 바탕으로 야당의 지도자였던 김영삼은 다음과 같이 계산하기에 이르렀다.

> "이 단순다수제 아래에서는 야권이 나(YS)와 김대중(DJ)으로 나뉘어 있는 한, 다음 대선에서도 승리할 수 없다. 결국 DJ와 다시 단일화 협상을 하거나, 아니면 다른 길을 찾아야 한다"

결국 김영삼은 김대중과의 연대 대신, 집권 세력과 손을 잡고 그 안에서 권력을 쟁취하는 길을 선택하고 말았다. 이것이 바로 그가 내세운 "호랑이를 잡으러 호랑이 굴로 들어간다"는 논리였다. 단순다수제라는 시스템이 야당 지도자에게 '적과의 동침'이라는 파격적인 선택을 하도록 압박한 셈이다.

선거가 아닌 '야합'에 민의가 뒤집혔다

결국 1990년, 집권당인 노태우의 민주정의당, 제1야당이던 김영삼의 통일민주당, 그리고 김종필의 신민주공화당은 합당을 선언하고 민주자유당(민자당)이라는 거대 여당이 탄생했다. 단순다수제에 의해 민의가 완전히 왜곡된 것이었다.

1988년 총선에서 국민들은 '여소야대'를 만들어 정부를 견제하라는 명령을 내렸다. 하지만 정치인들은 다음 선거에서 이기기 위해, 선거가 아닌 정치적 야합을 통해 이 구도를 완전히 뒤집어 버리고 말았다.

합당을 통해 민자당은 국회 의석의 3분의 2를 넘는 압도적 다수당이 되었다. 이는 단순다수제 선거에서 승리하기 위한 가장 확실한 방법, 즉 선거 전에 미리 압도적인 연합을 구성해 버리는 것이었다.

결론적으로, 3당 합당은 승자독식의 단순다수제 선거 제도 하에서 권력을 쟁취하고 유지하기 위해 정치 엘리트들이 선택한 극단적인 전략이었다. 유권자들이 투표를 통해 만들어놓은 정치 지형을, 정치인들이 제도의 허점을 이용해 자신들에게 유리하도록 인위적으로 재편해 버린 사건으로, 민의를 왜곡한 대표적인 사례로 평가받고 있다.

야합이 아닌 민의를 선택한 노무현

결국 김영삼은 1992년 대선에 민자당 후보로 출마해 김대중 후보를 꺾고 당선되었다. 김영삼은 5·18의 노태우와 5·16의 김종필의 손을 잡았다. 3당 합당은 민의를 저버린 야합이었지만 결국 그가 대통령에 당선됨으로써 성공한 것처럼 보였다. 하지만 민의의 역사는 그렇게 쉽게 왜곡되지 않았다.

3당 합당이라는 거대한 흐름에 정면으로 맞선 정치인이 있었다. 초선 의원이었던 노무현이었다. 그는 3당 합당을, 국민을 배신하는 야합이자 민주주의의 원칙을 훼손하는 행위로 규정했다. 노무현의 반대 논리는 명확했다. 1988년 총선에서 국민들은 특정 정당에 과반을 주지 않는 여소야대를 만들어 주었다. 이는 서로 견제하고 균형을 이루라는 국민의 명령이었다. 3당 합당은 이러한 국민의 뜻을 정치인들이 인위적인 야합으로 뒤집어 버리는 행위였다.

노무현은 군사독재에 맞서 싸우던 야당이, 바로 그 독재 세력의 후예와 손을 잡는 것은 어떠한 명분으로도 정당화될 수 없다고 보았다. 그에게 3당 합당은 민주화를 위해 희생했던 수많은 사람들에 대한 배신이었다.

그는 국회에서 열린 통일민주당의 합당 결의대회에서 "이의 있습니다! 반대 토론을 해야 합니다!"라고 외치며 합당의 부당함을 알렸다. 이 모습은 그의 원칙과 소신을 상징하는 장면으로 역사에 기록되었다.

결국 노무현은 김영삼 총재를 따라가는 쉬운 길을 포기하고, 이기택, 김정길 등 소수의 의원과 함께 통일민주당을 탈당했다. 그리고 이들은 김대중의 평화민주당과 합쳐 '꼬마 민주당'을 창당하며 험난한 길을 걷기 시작했다.

이 선택의 대가는 혹독했다. 그는 이후 총선과 부산시장 선거에서 연이어 낙선하며 '바보 노무현'이라는 별명을 얻게 되었다. 눈앞의 이익을 좇지 않고, 원칙을 위해 패배가 뻔한 길을 걸어가는 그의 모습에 대한 애칭이었다.

하지만 이 '바보 같은' 선택은 역설적으로 그를 가장 강력한 정치인으로 만들었다. 눈앞의 이익을 위해 원칙을 저버리지 않는 그의 모습은 국민들에게 깊은 신뢰를 심어주었고, 이는 훗날 그가 지역주의의 벽을 넘어 대한민국 제16대 대통령에 당선되는 가장 중요한 정치적 자산이 된 것이다.

야합의 결말, 20년 만의 군사 쿠데타

집권을 위해 군사독재 세력과 손을 잡아 탄생한 민주자유당은 신한국당(1995~1997), 한나라당(1997~2012), 새누리당(2012~2017), 자유한국당(2017~2020), 미래통합당(2020), 국민의힘(2020~)을 거치며 김영삼, 이명박, 박근혜, 윤석열 등 네 명의 대통령을 배출했다. 하지만 이 중 세 명의 대통령이 구속되었는데, 심지어 그 중 한 명인 윤석열은 대통령 재직 중 내란 혐의로 구속되었다. 이에 더해 두 명의 대통령이 임기 중 탄핵되었다. 그리고 2025년 현재 국민의힘은 윤석열의 내란에 동조한 혐의로 정당해산이 언급되고 있는 처지에 놓이게 되었다.

3장 정치의 이상적(理想的) 실현

소수의 의견을 반영하는 비례대표의 힘

민의의 왜곡과 보정

2024년 4월 10일 치러진 제22대 총선에서 더불어민주당과 국민의힘은 각각 161석과 90석을 차지했다.

구체적으로 살펴보면, 더불어민주당은 전국적으로 50.5%의 표를 얻었지만, 의석은 그보다 훨씬 높은 63.4%를 차지했다. 득표율에 비해 12.9%p나 많은 의석을 확보하며 승자독식 제도의 최대 수혜자가 되었다. 반면 국민의힘은 45.1%라는 높은 득표율을 기록했음에도, 의석은 그에 못 미치는 35.4%를 얻는 데 그쳤다. 득표율과 의석수 간의 격차가 -9.7%p로 많은 표가 당선으로 이어지지 못한 것을 알 수 있다. 기타 정당은 4.4%의 유의미한 득표를 했음에도 의석은 단 1.2%만 얻어 거대 양당 중심의 선거제도의 가장 큰 피해자였다. 이처럼 득표율과 의석 비율이 일치하지 않는 현상을 선거의 불비례성이라고 한다.

정당	지역구 득표율	지역구 의석수	의석수 비율
더불어민주당	50.50%	161석	63.40%
국민의힘	45.10%	90석	35.40%
기타 정당	4.40%	3석	1.20%
합계	100%	254석	100%

불비례성은 지역주의와 결합할 때 더욱 민심을 왜곡시킨다. 22대 총선을 지역별로 분석해 보면 이와 같은 현상은 확연히 드러난다. 22대 총선에서 더불어민주당은 호남권에서 28석 전체를 쓸쓸이 했다. 이곳에서 국민의힘이나 다른 정당을 지지한 유권자의 표는 단 하나의 의석으로도 실현되지 못했다. 모두 사표(死票)가 된 것이다. 반대로 영남권에서는 국민의힘이 65석 중 59석을 차지하며 압도적인 우위를 보였다. 이곳의 더불어민주당 지지 표 역시 대부분 당선에 영향을 미치지 못한 사표였다.

권역	더불어민주당	국민의힘	기타	전체 의석
호남권(광주·전북·전남)	28석	0석	0석	28석
영남권(대구·경북·부산·울산·경남)	5석	59석	1석	65석

이처럼 특정 정당이 특정 지역의 의석을 독점하는 현상은 지역주의를 더욱 공고히 만든다. 유권자들은 당선 가능성이 없는 후보에게 투표하는 것을 포기하게 되고, 정당들은 텃밭 지역의 여론에만 집중하게 된다. 이러한 환경에서 정치인은 전국

3장 정치의 이상적(理想的) 실현

적인 통합보다는 지역 간의 정치적 대립을 선택하기 쉽다.

결론적으로 22대 총선 지역구 결과는 1등만 당선되는 단순 다수제가 국민의 실제 지지 의사를 어떻게 왜곡(불비례성)하고, 정치적 분열(지역주의)을 심화시키는지를 극명하게 보여주었다. 이는 비단 22대 총선만의 문제가 아니다. 국회의원 선거만의 문제도 아니다. 불비례성과 지역주의 문제는 대한민국에서 치러진 역대 거의 모든 선거에서 공통으로 나타났다.

다양성 확보를 위한 중대선거구제

선거가 민의를 온전히 반영하지 못한다는 것은 매우 심각한 문제다. 그렇기에 이러한 문제를 해결하기 위한 논의는 끊임없이 이어져 왔다. 가장 대표적인 것이 중대선거구제다. 쉽게 말해 선거구의 크기를 키우고 그 안에서 더 많은 대표를 뽑는 방식이다. 예를 들어, 22대 총선에서 부천시는 갑, 을, 병 3개의 선거구로 나뉘어 각각 1명씩 총 3명의 국회의원을 선출했다. 중대선거구제가 도입된다면 부천시 전체를 하나의 큰 선거구로 묶어 1등부터 3등까지 모두 3명을 당선시키게 된다.

중대선거구제는 한 선거구에서 2명 이상의 대표를 선출하기 때문에 소선거구제(1명 선출)의 문제점을 일부 보완할 수 있다. 소선거구제에서는 1등이 아니면 모든 표가 사표(死票)가 된다. 하지만 한 선거구에서 3명을 뽑는 중대선거구제에서는 특정 정당이 20%만 득표해도 3위 안에 들어 당선될 가능성이 생긴다. 이처럼 소수 정당도 의석을 확보할 수 있게 되어, 정당의 득표율과 의석수 간의 격차(불비례성)가 줄어들게 된다.

특정 정당의 지지세가 압도적인 텃밭 지역에서도 효과를 볼 수 있다. 예를 들어 부천지역은 2012년 4월 11일 치러진 제19대 총선에서 차명진 후보가 당선된 이후 22대 총선까지 단 한 번도 타당 후보가 당선된 적이 없는 더불어민주당 텃밭이다.

22대 총선에서 부천에 출마한 더불어민주당 후보들의 총 득표는 253,176표로 57.04%였다. 반면 국민의힘 후보들은 169,843표(38.27%)를 얻었다. 양당 후보들의 득표 차는 83,333표, 비율로는 18.77%p였다. 그런데 선거 결과는 3석 모두 민주당 후보가 당선되었다. 국민의힘 후보를 선택한 유권자 38.27%의 선택은 사표가 된 것이다.

선거구	더불어민주당 (1위)	국민의힘 (2위)	표차 (1위-2위)	득표율 차 (%p)
부천시 갑	85,815표(61.13%)	54,556표(38.86%)	31,259표	22.27%p
부천시 을	82,475표(55.90%)	55,975표(37.93%)	26,500표	17.97%p
부천시 병	84,886표(54.44%)	59,312표(38.04%)	25,574표	16.40%p
합계	253,176표(57.04%)	169,843표(38.27%)	83,333표	18.77%p

3장 정치의 이상적(理想的) 실현

만약 중대선거구제였다면 부천에서 38.27%를 득표한 국민의힘 후보가 최소 1석은 차지할 수 있었을 것이다. 이처럼 중대선거구제는 지역주의 구도를 완전히 깨지는 못해도, 특정 정당의 의석 독점을 막고 다른 정당에도 최소한의 대표성을 부여하여 소수파 유권자들이 느끼는 정치적 소외감을 줄여줄 수 있다.

당연히 중대선거구제도 단점은 있다. 한 정당이 여러 명의 후보를 공천할 경우 다른 당이 아닌 같은 당 후보와 싸우게 된다. 정책의 차별성이 없으니 정책 대결이 아닌 개인의 인지도나 조직력 대결로 변질될 수 있다. 선거구가 넓어지고 후보자가 많아지면, 유권자들은 이미 얼굴이 알려진 현역 의원이나 유명 정치인을 선택할 확률이 높아지므로 정치신인의 진입장벽이 생기게 된다.

하지만 우리나라와 같이 거대 양당의 의석 독식이 공고화되어 불비례성과 지역주의가 심화되는 상황에서 중대선거구제는 단점보다는 장점이 클 것이다. 해외 사례를 살펴보아도 절대적인 것은 아니지만 미국, 영국, 캐나다 등 소선구제를 채택한 국가는 일반적으로 양당제 형태를 보인 반면 아일랜드, 스페인, 스위스(상원) 등 중대선거구제를 채택한 국가들은 다당제 형태를 보인다.

선수가 룰을 바꿔야 하는 모순

우리나라에서 선거구제 개편 논의는 꾸준히 이어져 왔지만 실제로 개편된 적은 없다. 가장 큰 원인은 국회의원 절대다수가 지역구 의원이고, 비례대표로 당선된 의원도 대부분 다음 선거에서는 지역구에 출마해야 하기 때문이다. 선거구제 개편은 곧 자신이 관리해오던 지역구를 조정해야 한다는 의미다. 불비례성과 지역주의 문제는 대부분 인식하지만, 불비례성과 지역주의가 만들어 놓은 운동장에서 기득권이 된 의원들이 그것을 스스로 개혁하기란 쉽지 않을 것이다.

같은 맥락에서 지역구와 관계없는 비례대표 제도는 비교적 적극적으로 개정되어 왔다. 비례대표제의 가장 중요한 목적은 선거 결과의 비례성을 높이는 데 있으며, 비례대표제는 당연히 불비례성을 개선하는 데 가장 효과적인 제도 중 하나다. 이는 각 정당이 전국적으로 얻은 지지율에 최대한 가깝게 의회 의석을 확보하도록 비례대표제가 설계되어야 함을 의미한다.

비례대표제, 비례성을 가장 확실히 확보할 수 있는 제도

비례대표제는 정당에 투표한 표를 모아 의석으로 연결한다. 당연히 낙선자에게 던져진 표의 가치를 보존하고 유권자의 의사가 선거 결과에 반영될 가능성을 높일 수 있다. 이는 자연스럽게 거대 양당이 의석을 독점하기 쉬운 지역구 선거와 달리,

3장 정치의 이상적(理想的) 실현

전국적으로 일정 수준 이상의 지지를 받는 소수 정당도 원내에 진출할 기회로 이어진다. 의회의 다양성을 증진하고, 다양한 이념과 정책이 논의될 수 있는 기반을 마련할 수 있는 것이다.

우리나라 국회의원 선거의 한 축을 담당하는 비례대표제는 1963년 처음 도입된 이래, 한국 정치의 격동적인 역사와 함께 변화를 거듭해 왔다. 1963년 제6대 국회의원 선거를 앞두고 처음으로 비례대표 선거가 실시되었다. 당시에는 지역구 선거와 별도로 전국을 단일 선거구로 하여 각 정당이 제출한 명부에 따라 의석을 배분하는 방식이었다.

비례대표, 매관매직의 유혹

하지만 당시 비례대표제는 여러 가지 부작용을 가지고 있었다. 대표적인 것이 매관매직이다. 당시 전국구 비례대표 공천이 사실상 매관매직처럼 이루어졌다는 의혹은 기정사실처럼 여겨졌다. 특히 당 총재의 막강한 권한으로 비례대표 순번이 결정되던 시기였기에, 당에 거액의 정치자금을 기부할 수 있는 재력가나 기업인들이 비례대표 상위 순번을 받아 국회의원이 되는 경우가 많았다. 정당에 대한 국고보조금 제도가 없던 시기였기에 비례대표 후보에게 공천헌금이라도 받아야 당의 운영이 가능하다는 볼멘소리도 있었다.

이러한 행태는 특정 인물이 여러 번 비례대표를 역임하는 결과로 이어지기도 했다. 당에 대한 재정적 기여도가 높은 인물은 다음 선거에서도 공천받을 가능성이 컸기 때문이다. 하지만 이는 '공천헌금'이라는 명목보다는 특별당비나 후원금 등의 형태로 이루어졌고, 법적인 처벌로 이어진 경우는 드물어 명확한 사례로 특정하기는 어렵다.

다만, 비례대표 공천헌금이 문제가 된 사례들도 있다. 2008년 치러진 18대 총선에서 친박연대 서청원 대표가 비례대표 후보였던 양정례, 김노식 후보로부터 각각 10억 원이 넘는 공천헌금을 받은 혐의로 유죄 판결을 받은 것이 대표적이다. 이처럼 전국구 비례대표제는 능력이나 전문성보다는 재력이 국회의원이 되는 기준이 될 수 있다는 비판을 받았고, 이는 이후 정당명부식 비례대표제, 연동형 비례대표제 등 선거제도 개혁 논의의 중요한 배경이 되었다.

지역구와 비례대표를 분리하는 병립형

1987년 민주화 이후, 1988년 제13대 국회의원 선거부터는 병립형 비례대표제가 본격적으로 자리 잡았다. 당시에는 '비례대표'라는 용어 대신 '전국구(全國區)'라는 명칭을 사용했다. 가장 큰 특징은 유권자가 정당에 투표하는 별도의 투표(1인 2표제)가 없었다는 점이다. 오직 지역구 후보자에게만 한 표를 행사하는 1인 1표제였다. 전국구 의석은 이 지역구 선거 결과에

3장 정치의 이상적(理想的) 실현

따라 배분되었다.

이 시기 비례대표제는 각계각층의 전문가와 직능 대표가 국회에 진출하는 통로 역할을 수행하며 긍정적인 평가를 받기도 했다. 하지만 지역구 의석과 비례대표 의석이 완전히 분리되어 배분되다 보니, 정당 득표율과 실제 의석수 간의 불비례성 문제는 여전히 한계로 지적되고 있었다. 즉, 특정 지역에서 지역구 의석을 독식한 거대 정당이 정당 득표율에 비해 과도하게 많은 의석을 차지하는 현상은 개선되지 않은 것이다.

2001년 헌법재판소는 지역구 선거 결과를 비례대표 의석 배분에 연동시키는 당시의 공직선거법 조항에 대해 위헌 결정을 내렸다. 지역구 국회의원 선거에서 표출된 유권자의 의사를 그대로 정당에 대한 지지의사로 의제하는 것이 민주주의 원리에 반한다는 것이었다. 이에 더해 직접선거 원칙은 의원의 선출뿐만 아니라 정당의 비례적인 의석 확보도 선거권자의 투표에 의하여 직접 결정되어야 하는데, 당시 제도는 이를 충족시키지 못했다고도 판단했다.

병립형 비례대표제 시대(2004~2019)

헌법재판소의 결정에 따라 선거법이 개정되면서, 마침내 1인 2표제가 도입되었다. 이 제도는 2002년 제3회 전국동시지방선거에서 처음 적용되었고, 국회의원 선거에서는 2004년 제17대 총선부터 본격적으로 시행되었다.

이 시기에 채택된 방식은 병립형 비례대표제다. 병립형은 지역구 선거와 비례대표 선거를 완전히 분리하여 각각의 결과에 따라 의석을 배분하는 단순한 구조였다. 지역구에 배정된 총 253석은 선거구별 1위 득표자가 모두 차지하고, 나머지 47석을 비례대표에 배정하여 정당 득표율에 비례해 나누는 방식이다.

이 제도는 유권자가 인물과 정당을 따로 선택할 수 있게 하여 정당 중심의 정책 선거를 유도하는 긍정적인 효과가 있었다. 하지만 지역구 선거의 승자독식 구조는 그대로 유지되었기 때문에, 정당이 얻은 전체 득표율과 실제 의석수 간의 불일치, 즉 비례성이 낮은 문제는 여전히 한계로 지적되었다.

준연동형 비례대표제의 도입과 위성정당 논란(2020~현재)

정당 득표율과 의석수 간의 불비례성을 해소하고, 소수 정당의 원내 진출을 확대해야 한다는 목소리가 높아지면서 선거 제도 개혁 논의가 활발해졌다. 그 결과 2020년 제21대 국회의원 선거를 앞두고 준연동형 비례대표제가 도입되는 큰 변화를 맞이하게 되었다.

연동형 비례대표제는 정당이 얻은 정당 득표율에 따라 전체 의석수를 먼저 배분하고, 각 정당이 지역구에서 얻은 의석수를 제외한 나머지를 비례대표 의석으로 채워주는 선거 제도다. 핵

3장 정치의 이상적(理想的) 실현

심은 '지역구 선거 결과와 비례대표 선거 결과를 연동(連結)시켜' 정당의 실제 지지율과 의석수 간의 불일치(불비례성)를 최소화하는 데 있다.

국회 총 의석수가 100석(지역구 60석, 비례대표 40석)인 국가에서 정당 득표율은 A정당 50%, B정당 30%, C정당 20%이고, 지역구 당선은 A정당 40석, B정당 14석, C정당 6석인 결과의 선거가 치러졌다고 가정해서 연동형과 준연동형 비례대표제를 비교해 보자.

목표 의석은 전체 의석 100석에 각 정당의 득표율을 반영한 A정당 50석(100석 × 50%), B정당 30석(100석 × 30%), C정당 20석(100석 × 20%)이 된다. 배분되는 비례대표 의석수는 목표 의석수에서 지역구 당선 의석수를 차감한 A정당 10석(50-40), B정당 16석(30-14), C정당 14석(20-6)이 된다. 최종 의석수는 지역구 당선 의석수와 비례대표 의석수를 합한 A정당 50석(40+10), B정당 30석(14+16), C정당 20석(6+14)으로 득표율과 정확히 일치한다.

정당	정당 득표율	총목표 의석수①	지역구 당선 의석수②	배분되는 비례대표 의석수(③=①-②)	최종 의석수 (②+③)
A	50%	50석	40석	10석	50석
B	30%	30석	14석	16석	30석
C	20%	20석	6석	14석	20석
합계	100%	100석	60석	40석	100석

한국의 비례대표 방식은 준연동형이라고 한다. 연동형에 따른 비례대표 배분 의석수의 50%만 배정하고 나머지 의석수는 각 정당의 득표율에 따라 단순 배분하기 때문이다. 이렇게 할 때 준연동에 따라 배분되는 비례대표 의석수는 연동형의 절반인 A정당 5석[(50-40)×50%], B정당 8석[(30-14)×50%], C정당 7석 [(20-6)×50%]으로 총 20석이 된다. 나머지 20석은 각 정당의 득표율에 따라 A정당 10석(20×50%), B정당 6석(20×30%), C정당 4석(20×20%)으로 배분된다. 최종 의석은 A정당은 득표율(50%)에 따른 목표 의석수(50석)보다 많은 55석, B정당과 C정당은 목표 의석수보다 적은 28석과 17석을 얻게 된다. 결국 연동형에 비해 준연동형이 거대 정당에 유리한 결과를 만드는 것이다.

정당	총목표 의석수	지역구 당선	① 연동 배분 (목표-지역수) ×50%	② 병립 배분 (잔여 의석)	최종 비례대표 (①+②)	최종 의석수
A	50석	40석	5석	10석	15석	55석
B	30석	14석	8석	6석	14석	28석
C	20석	6석	7석	4석	11석	17석
합계	100석	60석	20석	20석	40석	100석

하지만 우여곡절 끝에 도입된 준연동형 비례대표제 또한 거대 양당의 위성정당 창당이라는 예기치 못한 복병을 만나 또 다시 왜곡되어야 했다. 거대 양당이 비례대표 의석만을 노리는 위성정당을 만들어 준연동형 제도의 취지를 무력화시켰기

3장 정치의 이상적(理想的) 실현

때문이다. 이로 인하여 선거제도 개혁은 사실상 무력화되었다. 더불어민주당과 국민의힘이라는 대한민국의 거대 정당은 지역구에서 많은 의석을 확보하기 때문에 비례대표에 배정받을 의석은 거의 없게 된다. 당연히 비례대표는 지역구에서 당선자를 배출하지 못하지만 전국적인 지지도는 유의미한 수치를 받는 소수 정당에 배분될 것으로 여상되었다.

위성정당, 거대 정당의 비례대표 사냥

그러자 국민의힘은 비례대표 득표만을 목적으로 하는 위성정당인 국민의미래를 창당했다. 더불어민주당 역시 모든 비례대표 의석을 국민의힘에 빼앗길 수는 없다며 위성정당인 더불어민주연합의 창당으로 맞대응했다. 다만 더불어민주연합은 소수 정당과 연합하여 의석을 조정하는 것으로 준연동형 비례대표제의 취지를 살리려 노력했다. 그 결과 비례대표 의석은 국민의힘과 더불어민주당의 위성정당들이 각각 18석과 14석씩 총 32석을 얻어 병립형과 다를 바 없는 결과를 만들어 냈다.

정당명	성격	득표율	득표수	확보 의석
국민의미래	국민의힘 위성정당	36.67%	10,395,264	18석
더불어민주연합	더불어민주당 위성정당	26.69%	7,567,459	14석
조국혁신당	제3지대 정당	24.25%	6,874,278	12석
개혁신당	제3지대 정당	3.61%	1,025,775	2석

만약 거대 양당이 위성정당 없이 직접 비례대표 선거에 참여했다면, 국민의힘과 더불어민주당은 각각 10석과 14석이 줄어들고 조국혁신당과 개혁신당은 각각 6석과 1석이 늘어나 전혀 다른 결과가 나타났을 것이다.

정당명	예상 득표율	예상 비례 의석	결과 분석
국민의힘	36.67%	약 7~8석	(-10석) 지역구 당선(90석)이 많아 연동형 계산 시 손해
더불어민주당	26.69%	0석	(-14석) 지역구 당선(161석)이 득표율보다 월등히 많아 받을 비례 의석 없음
조국혁신당	24.25%	약 18~19석	(+6석) 거대 양당이 못 받은 의석을 흡수하여 최대 수혜
개혁신당	3.61%	약 3~4석	(+1석) 거대 양당이 못 받은 의석을 일부 흡수

결국 민의를 정확히 반영해야 한다는 목적으로 도입된 준연동형 비례대표제 또한 거대 양당의 이기적 전략에 왜곡되고 말았다. 다만 선거마다 위성정당 방지법을 도입해야 한다는 여론이 거세고, 더불어민주당이 위성정당의 비례대표명부의 일정 부분을 소수정당에 할당해, 소수정당 출신 의원 배출을 적극 추진하는 상황 등을 고려해 본다면 결국 비례대표제는 민의를 정확히 반영할 수 있는 연동형으로 개정되어 갈 것으로 보인다.

3장 정치의 이상적(理想的) 실현

IV

오늘날 세계를 지배하는 민주주의의 어제, 그리고 내일

민주주의가
구조의 산물?

왜 그때? 왜 그렇게?

민주주의를 촉발시키는 원인이 무엇인가 하는 문제는 정치학의 가장 근본적인 질문 중 하나이다. 이에 대하여 사회경제적인 발전이나 계급구조의 변화 등 일정한 조건이 충족되면 자연스럽게 사회가 민주화된다고 보는 구조적 결정론과 어떠한 행위 주체의 행동과 우연한 사건 등이 겹쳐 민주화가 일어난다는 행위자 중심적 시각이 대립하고 있다. 이 논쟁의 중심에는 민주주의가 심대한 사회경제적 변혁의 정점에서 나타나는 필연적 결과물이라고 주장하는 구조적 전제조건론(structural prerequisite theory)이 자리 잡고 있다. 이 이론에 따르면 민주주의 체제의 등장과 유지를 위하여는 경제 발전, 도시화, 교육 수준의 향상과 같은 거시적 사회 변화가 필수적이다.

1960년부터 1987년까지 대한민국은 사회경제적으로 엄청난 변화가 일어났다. 이로 인하여 우리나라에 민주주의를 위한 매우 비옥한 토양이 마련되었던 것은 사실이다. 그러나 민주화가 실제로 이루어지느냐의 문제는 궁극적으로 정치적 우연성과 전략적 행위의 산물이었다. 우리나라의 경우를 비추어 보면, 구조적 조건이 민주주의의 필요조건일 수는 있으나 충분조건은 아니며, 정치적 행위의 장(arena)을 형성하고 행위자에게 힘을 실어줄 수는 있지만 최종적인 결말까지 결정하지는 못함을 명확히 보여준다. 즉, 구조는 민주주의라는 불꽃을 위한 '연료'를 제공했지만, 그 연료에 불을 붙인 것은 결국 '행위'였다.

부(富)와 민주주의의 전망

구조적 전제조건론의 지적 토대는 정치사회학자 시모어 마틴 립셋(Seymour Martin Lipset)의 1959년 기념비적 연구에서 시작된다. 그는 경제 발전과 민주주의 사이에 강력한 통계적 상관관계가 존재함을 실증적으로 제시하며, "국가가 부유할수록 민주주의를 지속할 가능성이 커진다"는 명제를 확립했다. 립셋은 민주주의의 사회적 전제조건을 형성하는 '발전 복합체(development complex)'를 다음과 같은 핵심 요소로 설명했다.

- 부(富)와 산업화: 한 국가의 소득이 증가함에 따라 원래는 거대한 빈곤층과 소수 엘리트로 구성되어 있던 피라미드형 사회 구조가,

거대한 중산층을 중심으로 하는 다이아몬드형 구조로 변화한다. 이러한 변화는 극단적인 계급 갈등을 완화하고, 정치적 타협의 가능성을 높인다.

- 도시화: 인구가 농촌에서 도시로 이동하면서 전통적인 충성 관계나 공동체적 유대가 약화되고, 개인들은 근대적이고 복잡한 형태의 사회 조직에 노출된다.
- 교육: 교육 수준의 향상은 시민들의 시야를 넓히고 관용과 같은 민주적 규범에 대한 수용성을 높인다. 또한 시민들이 더 합리적인 정치적 판단을 내리고 복잡한 정치 과정에 참여할 수 있는 능력을 배양한다.

립셋의 이론은 단순한 상관관계를 넘어 민주주의로 이어지는 인과적 경로를 탐색했다. 경제 발전은 정치적 참여와 권리를 요구하는 더 크고 강력한 중산층을 육성한다. 또한 노동조합, 경영자 단체, 시민 단체와 같은 자발적 결사체들의 성장을 촉진하여 국가 권력을 견제하는 역할을 하는 시민 사회의 밀도를 높인다. 나아가 발전된 경제는 정권의 '효과성(effectiveness)'을 높여주는데, 이것이 시민들의 지지를 받는 '정당성(legitimacy)'과 결합될 때 체제의 안정성을 보장하게 된다.

립셋의 연구는 이후 '내재적 민주화(endogenous democratization)'와 '외재적 민주화(exogenous democratization)'라는 중요한

4장 오늘날 세계를 지배하는 민주주의의 어제, 그리고 내일

논쟁을 촉발시켰다. 즉, 경제 발전이 권위주의 체제를 민주주의로 전환시키는가(내재적 이론), 아니면 다른 이유로 일단 수립된 민주주의가 경제적으로 발전된 국가에서 더 잘 생존하고 공고화되는가(외재적 이론)라는 문제다. 립셋의 초기 주장은 종종 내재적 이론으로 해석되지만, "민주주의를 지속한다(sustain democracy)"는 그의 표현은 외재적 관점 역시 배척하지 않는다.

이러한 립셋의 거시 구조적 이론에 사회심리학적 미시적 기초를 제공한 학자가 바로 대니얼 러너(Daniel Lerner)다. 그는 저서 『전통 사회의 소멸(The Passing of Traditional Society)』에서 근대화가 개인 수준에서 시작된다고 주장했다. 러너에 따르면, 도시화는 문맹률(literacy)을 낮추고, 이는 다시 대중 매체에 대한 노출을 증가시킨다. 대중 매체에 대한 노출은 타인의 입장에서 자신을 바라볼 수 있는 능력, 즉 '감정 이입(empathy)' 또는 '심리적 유동성(psychic mobility)'을 창출한다. 이 심리적 유동성이야말로 근대적 참여 시민이 갖추어야 할 핵심적인 자질이다. 러너의 이론은 립셋이 제시한 거시적 사회 변화가 어떻게 개인의 정치적 태도 변화로 이어지는지를 설명하는 중요한 연결고리를 제공한다.

계급, 연합, 그리고 혁명

립셋의 통계적 분석이 발전의 결과물에 초점을 맞추었다면, 배링턴 무어 주니어(Barrington Moore Jr.)는 그의 역작 『독재와 민주주의의 사회적 기원(Social Origins of Dictatorship and Democracy)』에서 근대화로의 이행 과정에서 나타나는 계급 갈등의 역사적 역학에 주목했다. 무어의 분석은 계급 관계에 깊이 뿌리내린 강력한 구조적 논증을 제시한다. 그는 근대 세계로 나아가는 세 가지 역사적 경로가 존재한다고 주장했다.

- 부르주아 혁명을 통한 민주주의 경로: 영국, 프랑스, 미국에서 나타난 이 경로는 강력하고 독립적인 상공업 계층(부르주아)이 지주 귀족과 왕권의 힘을 약화시키는 혁명을 주도할 때 나타난다. 이 분석은 "부르주아 없이 민주주의 없다(No bourgeois, no democracy)"는 무어의 유명한 격언으로 요약된다.
- 위로부터의 혁명을 통한 파시즘 경로: 부르주아 계급이 취약하던 독일과 일본처럼 강력한 지주 엘리트와 부르주아 계급이 연합하여 정치 혁명 없이 경제 근대화를 추진하는 경우에 나타난다. 이 '반동적 연합'은 농민과 노동 계급을 억압하며 파시즘으로 귀결된다.
- 아래로부터의 혁명을 통한 공산주의 경로: 러시아와 중국처럼 지주 엘리트와 국가가 상농업으로의 전환을 제대로 관리하지 못해 거대하고 혁명적인 농민층이 구체제를 전복시킬 때 나타난다.

무어의 분석은 단순히 부르주아의 존재 유무를 넘어선다. 그는 민주주의로의 길이 열리기 위해서는 지주 귀족 계급이 폭력적으로 제거되거나, 스스로 상농업에 종사하는 계급으로 변모하여 그 억압적 성격이 약화되어야 한다고 강조했다. 농민층의 운명 또한 결정적이다. 농민이 체제를 전복시킬 가능성을 효과적으로 통제하거나 다른 방향으로 유도해야만 부르주아 민주주의가 안정적으로 자리 잡을 수 있다.

이처럼 립셋, 러너, 무어의 이론은 서로 다른 분석 수준에서 민주주의의 구조적 전제조건을 설명한다. 립셋이 민주주의와 높은 상관관계를 보이는 사회경제적 조건을 제시했다면, 무어는 계급 간 권력 투쟁의 역사적 과정을 통해 각 사회가 어떻게 그러한 조건에 도달했거나 실패했는지를 설명한다. 그리고 러너는 이러한 거시적 과정이 개인의 내면에 미치는 심리적 변화를 조명한다. 이 세 이론은 상호 배타적이지 않으며, 오히려 서로를 보완한다. 따라서 이 통합된 구조적 틀을 통해 대한민국의 민주화 과정을 분석하는 것은 단일 이론에 의존하는 것보다 훨씬 더 풍부하고 다층적인 이해를 가능하게 할 것이다.

대한민국 민주화의 구조적 해부
경제 기적과 사회 변혁(1960~1987)

1960년대 초, 대한민국은 세계 최빈국 중 하나였으나, 박정희와 전두환 군부독재의 권위주의 정권하에서 국가 주도의 압축적 산업화를 통해 경이로운 경제 성장을 이룩했다. 이른바 '한강의 기적'으로 불리는 이 시기는 민주주의의 구조적 토대를 마련하는 결정적 과정이었다.

이러한 변화는 구체적인 데이터를 통해 명확히 확인할 수 있다. 1960년대 초 100달러 남짓했던 1인당 명목 국민소득은 민주화 직전인 1987년에는 3,500달러를 넘어섰고, 1989년에는 5,800달러를 돌파했다. 1962년부터 1989년까지 실질 국내총생산(GDP)은 연평균 8% 이상의 놀라운 성장률을 기록했다. 산업 구조 역시 근본적으로 재편되었다. 1962년 국민총생산(GNP)의 14.3%에 불과했던 제조업 비중은 1987년 30.3%로 두 배 이상 증가하며, 한국이 농업 사회에서 산업 사회로 완전히 전환했음을 보여주었다.

이 과정은 '권위주의적 발전국가 모델의 역설'을 명확히 보여준다. 박정희, 전두환 정권은 민주주의를 억압하면서도 체제의 정당성을 오직 경제 성과에서 찾았다. 그러나 경제 발전을 위한 그들의 정책은 역설적으로 그들 자신의 권위주의적 통치를 위협하는 사회경제적 조건을 만들어냈다. 국가 주도의 산업화는 사회 구조를 복잡하게 만들었고, 새로운 사회 세력과 다양한 이익 집단을 출현시켰다. 립셋의 이론이 예측했듯이, 사회가 복잡해지면서 더 이상 단순한 물리적 억압만으로는 통치가 불가능한 상황에 이르게 된 것이다. 즉, 권위주의 정권은 빈곤이라는 문제를 해결하는 데 성공했지만, 그 성공의 결과로 자신의 존립 기반을 스스로 허무는 새로운 문제, 즉 경제적 지위에 걸맞은 정치적 권리를 요구하는 근대화된 사회와 마주하게 된 것이다.

새로운 시민의 부상

경제 성장과 함께 진행된 급격한 사회 변동은 새로운 유형의 시민을 탄생시켰다. 산업화는 대규모 이촌향도(離村向都) 현상을 유발했고, 이는 폭발적인 도시화로 이어졌다. 1960년 35.8%에 불과했던 도시화율은 1990년 82.6%로 치솟았다. 특히 서울과 부산 같은 대도시는 인구 집중의 중심지가 되었고, 이는 정치적 저항 운동이 조직되고 확산되는 물리적 기반을 제공했다.

동시에 교육 혁명이라 불릴 만한 고등 교육의 팽창이 일어났다. 정부는 산업 발전에 필요한 숙련된 인력을 양성하기 위해 대학 교육을 장려했다. 1960년 약 10만 명이었던 고등 교육기관 학생 수는 1980년에는 60만 명을 넘어섰다. 특히 1981년 도입된

'졸업정원제'는 대학에서 입학 정원보다 많은 신입생을 선발하게 한 후, 졸업은 제한된 정원만이 가능하도록 하였는데, 이로 인하여 대학 입학 정원이 대폭 확대되어 1980년대에 막대한 규모의 고학력 청년층을 배출하는 결정적 계기가 되었다.

연도	총인구(명)	도시화율(%)	고등 교육기관 학생 수(명)
1960	25,012,374	28.0	101,041
1970	32,240,827	41.1	201,436
1980	38,123,775	57.3	648,114
1985	40,466,577	65.4	1,295,496
1990	42,869,000	74.4	1,484,772

KOSIS 국가통계포털(인구총조사), 교육통계서비스(교육기본통계)

이러한 인구학적 변화는 민주주의의 전제조건과 직접적으로 연결된다. 도시는 시위 조직과 정보 확산을 용이하게 했고, 대학은 민주화 운동의 이념적·조직적 산실이 되었다. 교육 수준이 높고 도시에 집중된 이 새로운 시민층은 바로 립셋과 러너가 민주주의에 필수적이라고 주장했던 바로 그 유형의 시민들이었다. 그들은 더 이상 권위주의 정권의 일방적인 통치에 순응하지 않았고, 자신들의 목소리를 내고 정치 과정에 참여하고자 하는 강한 열망을 지니게 되었다.

4장 오늘날 세계를 지배하는 민주주의의 어제, 그리고 내일

한국 중산층의 형성
"부르주아 없이 민주주의 없다"

무어의 명제는 한국의 사례에 어떻게 적용될 수 있을까? 한국은 고전적인 의미의 '부르주아 혁명'을 겪지 않았다. 대신 국가 주도의 발전 과정에서 거대하고 영향력 있는 중산층이 인위적으로 형성되었다.

이 새로운 중산층은 월급을 받는 전문직, 화이트칼라 노동자(신중산층)와 자영업자(구중산층)로 구성되었다. 1980년대 초반 상대적으로 평등한 분배 구조 속에서 성장한 결과, 1986년 한국의 중산층은 전체 인구의 으 53%를 차지하는 것으로 추정되었다. 이들은 처음에는 발전국가 모델의 가장 큰 수혜자이자 체제의 안정적인 지지 기반이었다. 그러나 1980년대에 이르러 그들의 경제적 욕구가 어느 정도 충족되자, 관심은 점차 정치적 불만으로 옮겨가기 시작했다. 그들은 정치적 안정, 재산권 보호, 자의적인 국가 권력의 종식 등을 원하게 되었고, 이러한 요구사항은 민주화 운동에서 주장하는 바와 일치했다. 특히 1980년대 후반, 저유가·저달러·저금리의 '3저 호황'은 중산층의 경제적 여유와 자신감을 더욱 증대시켜 그들을 거리로 나오게 하는 중요한 동력이 되었다.

한국의 사례는 후발 발전국가에서 무어의 이론이 어떻게 변용될 수 있는지를 보여준다. 한국의 민주화는 부르주아가

지주 귀족을 타도하는 형태가 아니라, 국가에 의해 육성된 중산층이 결국 그 창조주인 국가에 등을 돌리는 형태로 나타났다. 이는 무어의 모델이 주로 산업 사회가 등장하며 나타난 계급 갈등에 기반하고 있는 반면, 한국의 산업화는 식민지 이후의 역사적 맥락에서 국가 주도로 이루어졌고, 이미 단행된 농지 개혁으로 구 지주 계급의 힘이 약화된 상태였기 때문이다. 여기서 권위주의 국가는 사실상 근대화 엘리트의 역할을 수행했다. 국가는 경제 정책의 도구로서 새로운 중산층을 육성했지만, 그 결과는 무어가 예측한 역사적 경로와 기능적으로 동일했다. 거대하고 교육 수준이 높으며 상대적으로 독립적인 중산층이 임계점에 도달하자, 이들이 역사적으로 부르주아에게 부여되었던 역할, 즉 자유민주주의를 요구하는 핵심 세력으로 등장한 것이다. 행위자의 기원은 달랐지만, 그 역사적 기능은 동일했다.

1987년의 단절: 행위, 우연성, 그리고 결정론의 실패
민주주의가 구조적 산물이라면, 왜 그때, 왜 그렇게?

구조주의 이론의 가장 큰 비판점은 행위자의 선택, 전략, 그리고 역사의 우연성을 간과한다는 데 있다. 구조 이론은 민주주의로의 전환이 '왜' 가능해졌는지를 설명하는 데는 탁월하지만, 그 전환의 구체적인 '시기'와 '방식'을 설명하는 데는 한계를 보인다.

1980년대 중반, 대한민국의 사회경제적 조건이 민주주의를 실현하기에 무르익었다면, 왜 하필 1987년 6월에 그토록 폭발적인 방식으로 전환이 이루어졌는가? 왜 1985년이나 1990년이 아니었는가? 이 시기들의 거시적 구조 조건은 크게 다르지 않았다. 이 질문에 대한 해답은 구조가 아닌, 단기적인 정치적 역학과 우연한 사건들의 연쇄 작용 속에서 찾아야 한다.

1987년의 민주화는 구조적으로 예견된 필연이 아니라, 우연한 사건과 행위자들의 전략적 선택이 빚어낸 극적인 결과였다.

- 방아쇠 1(우연성): 1987년 1월, 대학생 박종철이 경찰의 고문으로 사망한 사건과 이를 은폐하려던 정권의 시도가 천주교정의구현전국사제단에 의해 폭로되면서 국민적 분노가 폭발했다. 이것은 구조적 요인이 아닌, 우발적인 사건이었다.
- 방아쇠 2(전략적 실책): 전두환 대통령이 대통령 직선제 개헌 논의를 중단시킨 '4·13 호헌 조치'는 엄청난 정치적 오판이었다. 이는 국민의 열망을 오만하게 묵살하는 것으로 비쳤고, 그전까지 분열되어 있던 야권과 재야 세력을 단일 대오로 묶는 계기가 되었다.
- 방아쇠 3(우연성 및 상징성): 대규모 시위가 예정된 6월 10일의 바로 전날인 6월 9일, 대학생 이한열이 경찰이 쏜 최루탄에 맞아 중태에 빠진 사건은 민주화 운동에 강력한 순교자를 제공하며 시위의 열기를 최고조로 끌어올렸다.

이러한 사건들을 배경으로 민주화 운동가들의 전략적 행동이 이루어졌다. 학생, 종교계, 야당 정치인, 그리고 결정적으로 넥타이를 맨 중산층 직장인들까지 아우르는 범국민적 연대체인 민주헌법쟁취국민운동본부(국본)가 결성되어 시위를 조직했다. 전국적으로 확산된 거대한 시위의 물결 앞에서 1988년 서울 올림픽의 성공적 개최를 염두에 둔 정권은 1980년 광주에서의 유혈 진압과 같은 선택을 반복하기 어려웠다. 결국 당시 여당의 대통령 후보였던 노태우는 위기를 타개하고 선거를 통해 집권할 기회를 엿보기 위해 대통령 직선제를 수용하는 6·29 선언을 발표했다. 이는 억압이 아닌 타협이라는 전략적 선택의 결과였다.

구조적 전제조건론에 대한 비판적 재평가

1987년의 민주화는 구조적 요인만으로는 온전히 설명될 수 없다. 이 사례는 구조주의 이론의 내재적 한계를 명확히 드러낸다.

- 결정론의 문제: 구조주의 이론에 따르면 민주화는 마치 정해진 수순처럼 일어나는 듯한 인상을 주지만, 1987년의 결과는 매우 치열한 투쟁의 산물이었으며 결코 확정적이지 않았다. 만약 전두환 정권이 군대를 동원한 전면적인 유혈 진압을 명령했다면, 무르익은

구조적 조건에도 불구하고 결과는 매우 달라졌을 수 있다.

- 시점의 문제: 구조주의 이론은 왜 하필 1987년이었는지를 설명하지 못한다. 전환의 시점은 명백히 그해에 벌어진 일련의 정치적 사건들에 의해 결정되었다.

- 행위자 역할의 과소평가: 구조주의 이론은 정치 행위자들을 단지 구조적 힘의 전달자로 취급하는 경향이 있다. 이는 시위대의 용기, 엘리트들의 전략적 계산, 그리고 분산된 세력을 하나로 묶어낸 리더십의 결정적 역할을 간과하는 것이다. 막대한 경제 발전을 이루었음에도 민주화되지 않은 중국의 사례는 근대화가 곧 민주화라는 결정론적 주장에 대한 강력한 반례로 남아있다.

그렇다면 구조의 역할은 무엇이었는가? 구조적 변화가 민주화 전환을 직접 야기하지는 않았지만, 국가와 사회 사이의 힘의 균형을 근본적으로 바꾸어 놓았다. 이를 통해 민주화 세력의 행동이 훨씬 더 효과적일 수 있도록 만들었다. 1960~1970년대에 국가는 주로 농촌에 기반을 둔, 교육 수준이 낮고 조직화되지 않은 사회를 상대했다. 이때 억압은 비교적 저렴하고 효과적인 통치 수단이었다. 그러나 1987년에 이르러 국가는 완전히 새로운 상대를 마주했다. 그것은 바로 막대한 규모의, 고등 교육을 받은, 도시에 집중된, 그리고 상당한 경제력과 조직력을 갖춘 중산층이었다. 이러한 새로운 사회 구조는 억압의 비용을 기하급수적으로 높였다. 대규모 유혈 진압은 경제를 마비시키고 체제의 핵심 지지 기반이었던 중산층을 완전히 적으로 돌려 정권의 성과 기반 정당성마저 위협할 수 있었다. 결국 구조의 궁극적인 역할은 결과를 결정하는 것이 아니라, 행위자들의 전략적 계산을 바꾸는 데 있었다. 대한민국의 사회경제적 발전은 시민 사회에 힘을 실어주어 지속적이고 강력한 도전을 가능하게 했고, 동시에 정권의 선택지를 제약하여 억압보다는 타협을 더 합리적인 선택으로 만들었다. 구조는 정치라는 게임의 판을 새로 짰지만, 게임을 한 것은 결국 행위자들이었다.

구조는 토대, 행위는 설계자

대한민국 민주화 사례는 순수한 구조주의적 설명이나 순수한 행위자 중심적 설명 모두 불충분하다는 것을 명확히 보여준다. 이 사례는 구조와 행위가 어떻게 상호작용하는지를 보여주는 교과서와 같다. 수십 년에 걸친 근대화는 민주주의라는 연극을 위한 무대를 세우고, 소품을 마련했으며, 힘을 가진 배우들로 무대를 채웠다. 그러나 1987년의 극적인 사건들은 그 배우들이 실시간으로 써 내려간 각본의 결과였다.

따라서 우리는 구조적 조건이 민주화의 '가능성의 조건'을 창출하고, 정치적 행위가 그 가능성을 현실로 만들지 여부와 그 방식을 결정한다는 통합적 이론 모델을 지향해야 한다. 구조는 민주주의라는 건물을 지을 수 있는 튼튼한 토대를 제공하지만, 그 건물을 실제로 설계하그 쌓아 올리는 것은 행위자들의 몫이다.

이러한 관점은 2024년 12월의 비상계엄 사태를 통해 다시 한번 그 중요성이 확인된다. 윤석열 대통령의 비상계엄 선포 시도와 그것이 제도권 및 시민 사회의 신속한 저항으로 인해 실패로 돌아간 사건은, 1987년에 수립된 민주적 구조와 규범이 저절로 유지되는 것이 아님을 뼈아프게 상기시킨다. 민주주의는 그것을 지키기로 '선택'하는 입법부, 사법부, 그리고 시민과 같은 정치 행위자들에 의해 끊임없디 방어되어야 한다. 즉, 민주주의는 구조적으로 완성되는 종착점이 아니라, 구조적 토대 위에 시민과 지도자들의 끊임없는 설계와 보수를 통해 유지되는 지속적인 정치적 프로젝트인 것이다.

민주주의는
어떻게 이루어지나?

전략적 선택으로서의 민주주의

행위자 중심 이론에 따르면 민주주의는 어떠한 사회경제적 조건을 충족한다고 자동적으로 이루어지는 것이 아니다. 오히려 민주주의로의 이행과 그 이후의 민주주의 체제를 공고히 하는 과정은 미래가 불확실한 상황에서 사회의 다양한 행위자들이 각자 전략적인 선택을 한 결과물이다. 이러한 '행위자 중심 접근법(actor-centric approach)'은 민주주의가 어떻게 발생하여 작동하는지 이해하도록 돕는다. 이 관점에 따르면, 민주화는 거대한 역사의 흐름에 의해 '결정되는' 것이 아니라, 구체적인 행위자들에 의해 '만들어지는(crafted)' 정치적 과정이다.

대한민국 민주주의의 역사는 이러한 행위자들의 전략적 선택이 만들어낸 극적인 장면들로 가득 차 있다. 그중 가장 결정적인 두 순간, 즉 1987년 6월 민주항쟁을 통한 권위주의에서 민주주의로의 '이행(transition)'과 2024년 12월 3일 비상계엄 사태를 통한 민주주의 체제에 대한 '방어(defense)'는 행위자를 중심으로 민주주의의 이행을 살펴볼 수 있는 좋은 사례가 될 수 있다. 이 두 사건은 약 37년의 시차를 두고 발생했지만, 모두 핵심 행위자들의 전략적 상호작용이 한국 민주주의의 성격과 궤적을 규정했음을 명확히 보여준다.

첫째, 1987년 권위주의 체제의 붕괴와 민주적 이행은 어떠한 행위자들의 조합과 전략적 계산을 통해 가능했는가? 둘째, 2024년 현직 대통령에 의한 헌정 중단 시도는 왜, 그리고 어떻게 단 몇 시간 만에 좌절될 수 있었으며, 이 과정에서 행위자들의 역할은 1987년과 어떻게 달랐는가? 마지막으로, 이 두 사건의 비교 분석은 지난 37년간 한국 민주주의의 공고화(consolidation) 수준과 시민사회의 역할 변화에 대해 무엇을 말해주는가? 이 질문들에 대한 답을 찾아가는 과정은 한국 민주주의의 과거를 성찰하고 미래를 조망하는 중요한 지적 여정이 될 것이다.

행위자 중심 이론

1980년대 남미와 남유럽의 민주화 경험을 분석하며 등장한 기예르모 오도넬(Guillermo O'Donnell), 필립 슈미터(Philippe Schmitter), 아담 셰보르스키(Adam Przeworski) 등의 학자들은 기존의 구조적 결정론에 도전하며 '전략적 선택(strategic choice)'

모델을 제시했다. 이들의 핵심 주장은 민주화 과정이 특정 경제 발전 수준이나 계급 구조에 의해 미리 정해진 것이 아니라, 정치적 행위자들이 불확실한 상황 속에서 벌이는 전략 게임의 결과라는 것이다. 이들은 어떠한 사회경제적 조건이 반드시 특정한 정치적 결과를 발생시킨다는 명확한 증거가 없으며, 바로 그 지점에서 행위자들의 선택이 결정적인 중요성을 갖는다고 본다. 이 이론에 따르면 민주주의를 향한 역사는 정해진 길 없이 행위자들의 상호작용 속에서 끊임없이 구성된다.

권위주의 체제의 내적 균열

행위자 중심 이론에 따르면, 민주화 이행은 대부분 외부의 압력만으로 시작되지 않는다. 오도넬과 슈미터는 "어떠한 이행도 그 시작은 권위주의 정권 자체 내의 중요한 분열의 결과가 아닌 것이 없다"고 단언하며, 정권 내부의 균열을 민주화의 출발점으로 지목했다. 권위주의 체제는 통상 철옹성처럼 보이지만, 경제 위기, 계승 갈등, 정당성 약화 등 다양한 요인으로 인해 내부 균열이 발생할 수 있다. 이때 정권은 현상 유지를 고수하려는 '강경파(hardliners)'와 체제의 생존을 위해 제한적인 개혁을 용인하려는 '온건파(soft-liners)'로 분열된다.

온건파는 정권의 정당성 위기를 극복하고 통치 기반을 안정시키기 위해 억압을 완화하고 시민적 자유를 일부 확대하는

4장 오늘날 세계를 지배하는 민주주의의 어제, 그리고 내일

'자유화(liberalization)' 조치를 취하고자 한다. 그러나 자유화는 민주화(democratization)와는 다르다. 자유화는 권위주의의 틀을 유지하면서 일부 공간을 허용하는 '자유화된 권위주의(dictablanda)'로 귀결될 수도 있다. 그럼에도 불구하고, 일단 자유화의 문이 열리면 억눌려 있던 야당과 시민사회가 조직화되고 목소리를 낼 수 있는 정치적 기회의 창(political opening)이 열린다는 점에서 중요한 의미를 갖는다.

대중 동원과 엘리트의 계산

행위자 중심 이론이 초기에는 엘리트 간의 협상이나 '타협(pact)'을 강조하는 경향이 있었지만, 이론이 발전하면서 대중 동원의 역할이 중요하게 부각돼었다. 대중의 저항, 즉 '민중의 봉기(popular upsurge)'는 엘리트들의 전략적 계산이 이루어지는 환경 자체를 근본적으로 바꾸는 핵심 변수다. 대규모 시위와 저항은 권위주의 정권이 억압을 지속하는 데 따르는 정치적·경제적 비용을 급격히 상승시킨다. 이러한 압력으로 인하여 정권 내 온건파가 강경파를 누르고 야당과의 협상에 나서게 된다. 즉, 대중의 힘은 민주화를 직접 성취하기보다 엘리트들이 민주화 협상 테이블에 앉도록 강제하는 역할을 수행한다. 하지만 오도넬과 슈미터는 이러한 대중 동원이 종종 '일시적(ephemeral)'인 성격을 띤다고 지적하며, 대중 동원의 열기가 식

은 후에는 다시금 엘리트들의 전략적 게임이 민주주의의 구체
적인 형태를 결정하게 된다고 보았다. 따라서 민주화는 엘리트
의 전략과 대중의 압력이 복잡하게 상호작용하는 역동성 속에
서 이해되어야 한다.

1987년 6월 항쟁. 타협을 통한 민주주의의 설계
권위주의 체제의 균열과 4·13 호헌조치

1980년대 중반, 전두환 정권은 비록 경제적 성공을 이루기
는 했으나 군사반란과 광주민주화운동 등의 민주화 운동을 진
압함으로써 정권을 취득했다는 태생적 한계로 인해 지속적
인 정당성 위기에 직면해 있었다. 엎친 데 덮친 격으로 1985년
2·12 총선에서 야당인 신한민주당이 돌풍을 일으키면서 대통
령 직선제 개헌 요구는 거스를 수 없는 대세로 부상했다. 정권
은 내각제 개헌을 선호했지만, 김영삼과 김대중이 이끄는 야당
은 직선제를 고수하며 타협의 여지를 보이지 않았다.

이러한 교착 상태에서 전두환 대통령은 1987년 4월 13일, 일
체의 개헌 논의를 중단하고 현행 헌법(대통령 간선제)에 따라 정
부를 이양하겠다는 '4·13 호헌조치'를 발표했다. 이는 정권 내
강경파의 입장이 반영된 조치로, 대화와 타협의 가능성을 원천
적으로 차단하겠다는 선언이었다. 그러나 이 결정은 민심의 흐
름을 읽지 못한 치명적인 '전략적 오판'이었다. 4·13 호헌조치

는 온건한 개헌을 기대했던 국민들의 희망을 꺾고, 오히려 저항 세력이 '호헌 철폐, 독재 타도'라는 단일한 구호 아래 결집할 수 있는 명분을 제공하는 역효과를 낳았다. 이로써 정권 온건파의 입지는 좁아졌고, 정국은 강대강 대치 국면으로 치달으며 민주화 세력에게는 결정적인 '기회의 창'이 열리게 되었다.

민주화 연합전선의 구축, 국민운동본부

4·13 호헌조치라는 정권의 강경 대응에 맞서, 이전까지 각자의 영역에서 활동하던 민주화 세력들은 광범위한 연합전선을 구축할 필요성을 절감했다. 1987년 5월 27일, 김영삼과 김대중이 이끄는 통일민주당 등 제도권 야당, 재야 민주화운동 단체, 천주교와 개신교 등 종교계, 그리고 학생운동 세력을 아우르는 '민주헌법쟁취국민운동본부(이하 국본)'가 결성되었다. 국본은 건국 이래 최대 규모의 반독재 연합전선으로 평가받으며, 다양한 이념과 노선을 가진 집단들을 '대통령 직선제 쟁취'라는 단일하고 명확한 목표 아래 성공적으로 묶어냈다. 국본은 6월 10일 '박종철 군 고문치사 조작·은폐 규탄 및 호헌철폐 국민대회'를 기획하는 등 6월 항쟁 기간 내내 전극적인 시위를 조직하고 투쟁을 이끄는 실질적인 구심체 역할을 수행했다. 이처럼 이질적인 행위자들이 공동의 목표를 위해 전략적 연대를 구축했기에 6월 항쟁은 전국적이고 지속적인 동력을 확보할 수 있었다.

대중의 분노와 거리의 정치
박종철과 이한열

국본이라는 조직적 구심점이 마련되었지만, 6월 항쟁의 폭발적인 에너지는 두 젊은 학생의 비극적인 희생에서 비롯되었다. 1987년 1월, 당시 대학교 3학년 학생이던 박종철이 경찰의 물고문으로 사망하는 사건이 발생했다. 경찰은 "책상을 '탁' 치니 '억' 하고 죽었다"는 상식 밖의 발표로 사건을 은폐하려 했으나, 부검의의 양심선언과 천주교정의구현전국사제단의 끈질긴 진상 규명 노력으로 고문과 조직적 은폐의 실상이 폭로되었다. 이 사건은 전두환 정권의 도덕성에 회복 불가능한 타격을 입혔고, 국민적 분노에 불을 지폈다.

분노가 들끓던 6월 9일, 바로 다음 날로 예정된 6·10 국민대회를 앞두고 역시 당시 대학생이던 이한열이 시위 도중 경찰이 직격으로 쏜 최루탄에 머리를 맞아 쓰러졌다. 피를 흘리며 다른 학생에게 안겨 있는 그의 사진은 언론을 통해 전국으로 퍼져나갔고, 이는 잠재되어 있던 저항의 에너지를 폭발시키는 기폭제가 되었다. 두 사건은 민주화 요구를 추상적인 정치 구호의 차원에서 '비인간적이고 야만적인 국가폭력에 대한 저항'이라는 구체적이고 보편적인 분노의 차원으로 전환시켰다. 그 결과, 이전까지 시위에 비교적 소극적이었던 도시의 사무직 노동자들, 즉 '넥타이 부대'와 중산층이 대거 거리로 쏟아져 나왔

4장 오늘날 세계를 지배하는 민주주의의 어제, 그리고 내일

다. 이들의 참여는 시위의 규모를 임계점 이상으로 끌어올렸고, 정권에게는 더 이상 물리력만으로 상황을 통제할 수 없다는 명백한 신호가 되었다.

정권의 전략적 후퇴
6·29 선언의 정치적 계산

전국 33개 도시에서 100만 명 이상이 참여한 6월 26일 '국민평화대행진'으로 시위가 절정에 달하자, 전두환 정권은 군 투입이라는 최후의 카드를 만지작거렸다. 그러나 중산층의 광범위한 참여로 시위의 정당성이 확보되었고, 1988년 서울 올림픽을 앞두고 국제적 비난을 우려했으며, 군 내부에서도 동원에 대한 반대 여론이 존재하는 등 억압을 지속하는 데 따르는 정치적 비용은 정권이 감당할 수 없는 수준에 이르렀다.

이러한 상황에서 민주정의당의 대통령 후보였던 노태우는 1987년 6월 29일, 대통령 직선제 개헌 수용과 김대중 사면복권 등을 골자로 하는 '6·29 민주화 선언'을 발표했다. 겉보기에는 국민의 요구에 대한 전면적인 항복처럼 보였지만, 이는 고도의 정치적 계산에 기반한 전략적 양보였다.

이 선언은 첫째, 군부 강경파의 쿠데타 가능성을 차단하고 정국 불안을 해소했으며, 둘째, 야당에 의해 끌려가던 민주화의 주도권을 집권 세력이 가져오는 효과를 낳았다. 무엇보다 중요한 것은, 직선제를 수용할 경우 김영삼과 김대중이라는 두 야당 지도자가 후보 단일화에 실패하고 분열할 가능성이 높다고 예상한 것이다. 실제로 이후 야권은 분열했고, 12월 대통령 선거에서 노태우 후보는 36.6%의 득표율로 당선되었다. 결국 6·29 선언은 민주화 이행의 '방식(직선제)'은 양보하되, 그 '결과(정권 재창출)'는 가져오겠다는 집권 세력 온건파의 정교한 전략적 선택의 산물이었던 것이다.

2024년 12·3 비상계엄: 민주주의의 방어
위기의 서막, 대통령의 정치적 고립

2022년 5월 취임한 윤석열 대통령은 임기 내내 낮은 국정 지지율과 거대 야당이 장악한 국회와의 극심한 대립에 직면했다. 야당은 정부 예산안 삭감, 대통령이 거부권을 행사한 각종 특검법안의 재추진, 그리고 주요 정부 인사들에 대한 탄핵소추안 발의 등으로 정부를 지속적으로 압박했다. 반면, 윤석열 대통령은 헌정사상 가장 빈번하게 국회 입법에 대한 거부권을 행사하며 맞섰고, 이로 인해 국정은 마비되고 정치적 교착 상태는 심화되었다. 여기에 영부인 김건희를 둘러싼 여러 의혹은 대통령의 정치적 부담을 가중시키는 요인으로 작용했다. 2024년 12월 3일 비상계엄 선포라는 극단적인 선택의 배경에는 이러한 총체적인 정치적 고립과 위기 상황이 있었다.

4장 오늘날 세계를 지배하는 민주주의의 어제, 그리고 내일

대통령의 승부수
12·3 비상계엄 선포

2024년 12월 3일 밤 10시 27분, 윤석열은 긴급 대국민 담화를 통해 "종북 반국가 세력이 국회를 장악"하여 "자유민주주의 체제가 위협받고 있다"는 명분을 내세우며 전국에 비상계엄을 선포했다. 계엄 포고령 제1호는 국회를 포함한 모든 정치활동을 금지하고 언론을 통제하며, 위반 시 영장 없이 체포·구금할 수 있다는 내용을 담고 있었다. 이는 여소야대의 정치적 교착 상태를 헌법적 절차가 아닌 물리력으로 일거에 타개하고, 행정부의 권력을 극대화하여 국정 주도권을 완전히 장악하려는 초헌법적 시도였다.

과거 군부 쿠데타가 군 내부의 특정 세력에 의해 주도되었다면, 12·3 비상계엄은 민주적 선거를 통해 선출된 현직 대통령이 민주주의의 핵심 제도인 의회를 무력화하려 했다는 점에서 '친위 쿠데타'적 성격을 띠었다. 이는 합리적 계산에 기반한 전략이라기보다는, 극심한 정치적 위기감 속에서 나온 위험한 도박에 가까웠다.

결정적 균열, 집권 여당의 반기

대통령의 도박이 성공하기 위한 최소한의 조건은 집권 세력과 국가기관의 절대적인 복종이었다. 그러나 계엄 선포 직후,

가장 예상치 못했고 가장 결정적인 균열이 집권 여당 내부에서 발생했다. 국민의힘 한동훈 대표는 계엄 선포 약 20분 만인 밤 10시 49분경, "대통령의 비상계엄 선포는 잘못된 것"이며 "국민과 함께 막겠다"는 공식 입장을 발표했다. 이는 1987년 6월 항쟁 당시 정권 유지를 위해 단결했던 집권 세력의 모습과는 질적으로 다른 반응이었다.

한동훈 대표의 즉각적인 반대 표명은 이 계엄이 반헌법적 행위임을 명확히 규정함으로써, 군과 경찰 등 국가 공권력이 계엄사령부의 위법한 명령에 온전히 복종하기 어렵게 만드는 정치적·도덕적 명분을 제공했다. 또한 이는 대통령이 자신의 정치적 기반으로부터도 고립되었음을 상징적으로 보여주었다. 한동훈 대표를 비롯한 다수 여당 의원들이 대통령 개인에 대한 충성보다 헌법적 가치와 민주적 절차를 수호하는 길을 선택한 것은 계엄의 정치적 동력을 원천적으로 무력화시킨 결정적 요인이었다. 이 균열은 1987년과 달리 민주주의 규범이 집권 세력 엘리트들마저도 거부할 수 없는 원칙으로 자리 잡았음을 보여주는 극적인 증거였다.

제도와 시민의 합주 그리고 국회와 광장의 공조

집권 여당 내부의 균열은 국회가 초당적으로 신속하게 대응할 수 있는 결정적인 공간을 열어주었다. 야당은 즉각 의원

4장 오늘날 세계를 지배하는 민주주의의 어제, 그리고 내일

들에게 국회 소집령을 내렸고, 일부 여당 의원들도 이에 호응했다. 국회는 자정을 넘긴 12월 4일 새벽 1시경 본회의를 열어 '비상계엄 해제 요구 결의안'을 상정했고, 국민의힘 의원 18명을 포함한 재석의원 190명 전원의 만장일치 찬성으로 가결시켰다. 이로써 계엄은 선포된 지 약 2시간 40분 만에 법적으로 무력화되었다.

이러한 제도 정치의 신속한 대응 뒤에는 시민들의 자발적인 행동이 있었다. 계엄 선포 소식을 접한 시민들은 소셜미디어를 통해 서로의 참여를 독려하며 즉각 국회가 위치한 여의도로 집결했다. 수천 명의 시민들은 국회 출입을 통제하는 경찰 및 진입을 시도하는 계엄군과 대치하며 "국회를 지켜라"라고 외쳤다. 이들의 행동은 국회 안에서 계엄 해제 절차를 밟고 있던 국회의원들에게 강력한 심리적 지지가 되었으며, 계엄군의 물리력 행사를 주저하게 만드는 실질적인 압박으로 작용했다. 1987년 시민들이 민주적 제도를 만들기 위해 싸웠다면, 2024년의 시민들은 이미 존재하는 민주주의 제도를 지키기 위해 국회라는 물리적 공간을 방어했다. 이는 제도 정치와 시민 정치가 민주주의 수호라는 공동의 목표 아래 완벽하게 공조한 '학습된 민주적 대응'의 전형이었다.

1987년의 유산

1987년 6월 항쟁과 2024년 12·3 비상계엄 사태는 한국 민주주의의 두 가지 다른 국면, 즉 '이행'과 '수호'를 대표한다. 두 사건의 핵심 행위자, 전략, 그리고 상호작용을 비교하면 지난 37년간 한국 민주주의가 이룬 질적 변화를 명확히 파악할 수 있다.

1987년 6월 항쟁과 2024년 비상계엄 사태의 핵심 행위자 및 전략 비교

행위자 유형	1987년 6월 항쟁	2024년 12·3 비상계엄 사태
집권 행정부	• 행위자: 전두환, 노태우 • 전략: 초기 강경 진압(호헌조치) → 정권 유지를 위한 전략적 양보(직선제 수용)	• 행위자: 윤석열 • 전략: 정치적 교착 상태 돌파를 위한 헌정 중단 시도(계엄 선포)
집권 세력 내부	• 행위자: 군부 내 강경파 vs. 온건파 • 전략: 강경 진압 주장 vs. 정치적 해결 모색(온건파의 전략적 선택 승리)	• 행위자: 한동훈 및 여당 일부 의원 • 전략: 계엄 반대 및 국회 해제 결의안 동참(대통령과의 분리 및 헌법 수호 선택)
제도권 야당	• 행위자: 김영삼, 김대중 • 전략: 연대를 통한 개헌 압박, 그러나 지도자 개인의 전략적 이해 관계로 인한 후보 단일화 실패	• 행위자: 이재명 등 야권 전체 • 전략: 신속하고 통일된 연대를 통한 국회 중심의 계엄 무력화 및 헌정 수호 주도
입법부(국회)	• 역할: 개헌 논의의 장이었으나, 최종 해결은 거리의 정치와 행정부의 결단에 의해 주도됨	• 역할: 초당적 협력을 통해 계엄 해제 결의안을 신속히 가결하며 헌정 수호의 핵심 제도적 행위자로 기능
시민 사회	• 역할: '국본' 중심의 조직적 저항, 중산층의 대거 참여로 대중 동원의 임계점 돌파, 민주주의 '이행'의 추동력	• 역할: 자발적이고 신속하게 국회로 집결, 제도적 대응을 뒷받침하는 물리적·상징적 방어선 구축, 민주주의 '수호'의 보루

4장 오늘날 세계를 지배하는 민주주의의 어제, 그리고 내일

이 표에서 드러나듯, 가장 극적인 변화는 '집권 세력 내부'와 '입법부'의 역할에서 나타난다. 1987년 집권 세력 내 균열은 권위주의 통치 '방식'에 대한 이견이었던 반면, 2024년의 균열은 민주주의 체제 '자체'의 존폐에 대한 것이었다. 또한, 1987년 국회가 거리의 정치에 의해 추동되는 부차적 역할을 한 데 비해, 2024년 국회는 헌법이 부여한 권한을 통해 위기를 해결하는 핵심 행위자로서 기능했다. 이는 한국 정치가 거리의 투쟁을 넘어 제도적 틀 안에서 갈등을 해결하는 능력을 갖추게 되었음을 의미한다.

민주적 규범의 진화와 공고화

1987년의 투쟁이 대통령 직선제라는 민주적 제도를 획득하는 과정이었다면, 2024년의 저항은 그 제도가 사회의 모든 핵심 행위자들에게 얼마나 깊이 규범으로 자리 잡았는지를 보여주는 시험대였다. 2024년 계엄 시도가 헌법과 법률에 명시된 절차에 따라 국회에서 신속하고 압도적으로 무력화된 과정은 폭력이나 혁명이 아닌 제도적 절차가 정치적 갈등을 해결하는 최종적인 권위를 확보했음을 입증했다.

특히 집권 여당 대표가 대통령의 명령을 반헌법적이라고 규정하고 이에 저항한 것은 민주주의가 단순히 다수의 지배 원리를 넘어 헌법적 가치와 절차적 정당성을 존중하는 유일하게 정당한 게임의 규칙으로 정치 엘리트들에게 내재화되었음을 보여주는 강력한 증거다. 이는 한국 민주주의가 불안정한 이행 단계를 지나 상당한 수준의 공고화 단계에 진입했음을 시사한다. 민주주의가 여러 정치 체제 대안 중 하나가 아니라, 모든 행위자가 받아들이고 그 안에서 경쟁하는 유일한 체제로 인식되고 있다는 것이다.

영구적 행위자로서의 시민

1987년 6월 항쟁의 주역이었던 시민들은 민주화 이후에도 한국 정치의 중요한 행위자로 남아 있었다. 2002년 미군 장갑차 여중생 사망 사건, 2008년 미국산 쇠고기 수입 반대 등 주요 정치적 현안이 발생할 때마다 시민들은 촛불을 들고 광장으로 나섰다. 특히 2016~2017년 박근혜 대통령 탄핵을 이끌어낸 촛불혁명은 누적 1,700만 명의 시민이 참여한 평화적이고 질서 있는 저항을 통해 시민의 직접 행동이 헌정 질서의 최종 수호자 역할을 할 수 있음을 전 세계에 보여주었다.

2024년 12·3 비상계엄 당시 시민들이 신속하고 자발적으로 국회로 집결한 것은 이러한 역사적 경험의 축적 위에서 가능했다. 이는 위기 상황에서 민주주의의 핵심 제도를 방어해야 한다는 목표를 즉각적으로 인지하고 행동에 나선 '학습된 시민성'의 발현이었다. 한국의 시민들은 4년 또는 5년에 한 번 투표권을 행사하는 수동적 유권자를 넘어, 민주주의가 위기에 처했을 때 언제든 직접 행동을 통해 주권을 행사하는 '상시적이고 영구적인 정치 행위자'로 자리매김했다 이는 대의민주주의의 취약점을 보완하고 헌정 질서를 수호하는 한국 민주주의의 독특하고 강력한 회복탄력성의 원천일 것이다.

행위자가 만들어가는 민주주의의 미래

행위자 중심 접근법을 통해 1987년의 민주적 '이행'과 2024년의 민주적 '방어'가 모두 거스를 수 없는 구조적 힘이 아니라, 불확실한 상황 속에서 핵심 행위자들이 내린 전략적 선택과 상호작용의 산물이었음을 살펴보았다.

1987년의 민주화는 정권의 전략적 오판이 만든 기회의 창 속에서, 야권과 시민사회가 '국본'이라는 연합전선을 구축하고, 박종철과 이한열이라는 두 학생의 희생으로 촉발된 대중적 분노를 동력으로 삼아 집권 세력의 전략적 양보를 이끌어낸 결과였다. 이는 민주주의를 '쟁취'하는 과정에서 행위자들의 연대와 투쟁, 그리고 타협이 어떻게 작동했는지를 보여주는 교과서적인 사례다.

반면, 2024년 비상계엄이 신속하게 해제된 것은 대통령의 극단적인 선택에 맞서, 민주적 규범을 내재화한 정치 엘리트(특히 집권 여당)와 학습된 민주적 대응 능력을 갖춘 시민들이 헌정 질서를 '수호'하기 위해 효과적으로 연대한 결과였다. 대통령의 명령보다 헌법을 우선시한 여당 대표의 선택, 초당적으로 헌법적 절차를 이행한 국회, 그리고 국회를 지키기 위해 자발적으로 모인 시민들의 행동은 지난 37년간 한국 민주주의가 이룩한 성숙과 공고화의 수준을 극적으로 증명했다.

결론적으로 1987년과 2024년의 경험은 한국 민주주의가 주어진 것이 아니라, 끊임없는 위기 속에서 행위자들의 결단과 참여를 통해 '만들어지고(crafted)' '지켜져 온(defended)' 역동적인 과정임을 보여준다. 두 차례의 역사적 격변을 통해 한국 민주주의의 놀라운 회복탄력성은 입증되었다. 그러나 대통령의 헌정 중단 시도를 낳은 극심한 정치적 양극화와 대립의 정치는 여전히 해결해야 할 과제로 남아있다. 한국 민주주의의 미래는 이러한 새로운 도전을 민주적 제도 안에서 어떻게 해결해 나갈 것인가라는, 또 다른 행위자들의 새로운 선택에 달려있을 것이다.

독재와 권위주의

독재와 권위주의가
21세기를 살아가는 방법

비민주주의(非民主主義, non-democratic regime)를 정의하는 데 있어 권위주의(權威主義, authoritarianism)와 독재(獨裁, dictatorship, autocracy)는 종종 혼용되고는 한다. 그러나 권위주의와 독재는 명확하게 구분해서 사용되어야 할 필요가 있다. 독재는 '특정한 개인 또는 소수 집단에 권력이 집중된 상태'라는 권력의 형태를 지칭하는 반면, 권위주의는 '권위에 대한 맹목적인 복종'을 통치 원리로 삼는 더 넓은 의미의 정치 체제 유형을 뜻한다.

민주주의의 확산이 보편적 현상으로 여겨졌던 탈냉전 시대와 달리, 최근에는 세계 곳곳에서 민주주의의 퇴조와 함께 다양한 형태의 비민주주 정치 체제가 재등장하고 있다. 이러한 현상을 논의함에 있어 권위주의와 독재는 핵심적인 개념을 이루지만, 이 두 용어는 종종 그 의미가 혼용되거나 피상적으로 이해되는 경향이 있다. 이러한 개념적 모호성은 현대의 복잡한 정치 현상을 정확히 진단하고 분석하는 데 장애가 될 수 있다.

고대 로마 공화정 시대의 '독재관(dictator)'

오늘날 부정적인 의미를 내포하는 '독재자'라는 용어의 어원은 본래 고대 로마 공화정 시기의 매우 명예롭고 합법적인 관직인 '독재관'에서 유래했다. 독재관은 국가가 심각한 위기(군사적 위협, 내란 등)에 직면했을 때, 이를 해결하기 위해 원로원의 추천을 받아 임명된 특별 행정관이었다. 이들은 특정 임무(공무)를 수행하기 위해(rei gerundae causa) 모든 권한을 위임받았다. 하지만 그 임기는 해당 위기를 해결할 때까지, 또는 최대 6개월로 한정되었다. 이러한 한시적인 권한 위임은 로마 공화정의 핵심 원칙인 권력 견제와 균형을 훼손하지 않으면서 비상사태에 효과적으로 대처하기 위한 장치였다. 실제로 기원전 5세기 활동한 독재관 킨키나투스(Lucius Quinctius Cincinnatus)는 임무를 완수한 후 스스로 권력을 내려놓고 농부의 삶으로 돌아갔다.

그러나 독재관 제도의 본래적 의미는 기원전 1세기 루키우스 코르넬리우스 술라(Lūcius Cornēlius Sulla)의 집권 이후 변질되기 시작했다. 술라는 내전을 통해 독재관에 오른 후 실질적 임기의 제한을 없애버렸다. 이어진 율리우스 카이사르(Julius

Caesar) 역시 '종신 독재관(Dictator Perpetuo)'으로 스스로를 임명하며 이 제도가 한시적이고 목적한정적이어야 한다는 원칙을 완전히 파괴했다. 이처럼 특정 인물들의 권력 남용이라는 사건은 단순히 정치적 일탈에 그치지 않고 '독재관'이라는 용어의 의미를 근본적으로 변화시키는 결과를 낳았다. 이 단어는 더 이상 합법적이고 한시적인 비상 권한을 의미하지 않게 되었다. 대신 영속적인 권력 장악과 헌법적 제약으로부터 자유로운 권력 행사와 동의어가 되었다. 이는 현대적 의미의 독재가 가진 핵심적인 특성인 '헌법적 제약의 부재'와 연결된다.

현대적 독재의 정의와 특징

현대 정치학에서 독재는 특정한 개인 또는 소수 집단이 헌법적 제약이나 시민의 동의 없이 절대적인 정치권력을 행사하는 정부 형태를 의미한다. 이러한 독재는 종종 폭력이나 부정선거, 기만적인 수단을 통해 권력을 장악한다. 일단 권력을 획득하면 공포, 협박, 그리고 기본적인 시민의 자유 억압을 통해 그 지배를 유지하게 된다. 독재 체제에서는 언론의 자유가 침해되고 보도 기관이 통제되며, 야당이나 정치적 반대파에 대한 납치, 고문, 암살 등의 잔인한 탄압이 빈번하게 일어난다.

과거의 독재자들은 군부의 지원을 받는 장성이거나(칠레의 아우구스토 피노체트, 스페인의 프란시스코 프랑코), 특정 이데올로기를 기반으로 권력을 장악한 카리스마적 지도자(이탈리아의 베니토 무솔리니, 독일의 아돌프 히틀러)의 이미지를 가지고 있었다. 이들은 대개 국민들에게 필요 이상의 애국심을 강요하고, 자신에게 반대하는 사람을 민족의 배반자로 탄압했다.

그러나 21세기에 접어들면서 독재의 형태가 변하고 있다. 전통적인 군사 복장 대신 정장을 입고 국제회의에 참석하며, 노골적인 공포와 폭력 대신 기만과 정보 조작에 의존하는 '스핀 독재(spin dictatorships)'의 경향이 나타났다. 이러한 통치자들은 여론조사 전문가를 고용하고 시민 참여 쇼를 연출하며, 스스로를 '대통령'이나 '지도자'와 같은 민주적인 칭호로 부른다. 이는 국제 사회의 민주화 압력과 내부적 반발을 동시에 회피하기 위한 전략적 선택이다. 즉, 과거의 독재가 무력과 폭력을 통해 권위를 확립했다면, 현대의 독재는 겉으로는 민주주의 행세를 하면서 실상은 정보 통제와 대중 조작을 통해 정당성을 가장하는 방식으로 진화하고 있는 것이다. 이러한 새로운 양상은 독재 체제가 환경 변화에 적응하며 그 생존력을 확보해 나가는 경향을 명확히 보여준다.

윤석열 정부 또한 '검찰공화국'이라는 비판을 받아왔으며, 이는 스핀 독재의 한 사례로 언급될 수 있다. 검찰총장 출신인 그는 측근 검사인 한동훈을 법무부 장관에 임명하는 등 주요 요직에 검찰 출신 인사들을 등용했다. 이로 인해 검찰권이 정

치적 반대 세력을 억압하고 언론에 적대적인 태도를 취하는 데
활용된다는 비판이 제기되었다. 특히 야당과 자신에 대한 비판
세력을 '반국가 세력'이라고 규정하며 협치를 거부하는 태도는
독재자의 특징으로 지적되었다. 이러한 행태는 민주적 절차의
겉모습을 유지하면서도 특정 권력을 동원해 정적을 제거하고
통치권을 강화하려는 '스핀 독재'의 경향과 맞닿아 있다.

권위주의(權威主義, authoritarianism)의 개념 및 유형

권위주의는 넓은 의미에서 '권위를 갖는 것'에 대한 의혹이
나 반항을 모독이며 죄악이라고 여기는 사고방식 또는 행동 양
식을 말한다. 이는 단순히 정치 체제에 국한되지 않고, 자신이
가진 권위를 내세워 타인에게 순종을 강요하는 태도(봉건적 권
위주의, 관료적 권위주의)를 의미하는 사회적·문화적 개념이기도
하다. 이러한 맥락에서 권위주의는 단순히 지도자가 국민을 억
압하는 일방향적 관계가 아니라, 사회 전체에 만연한 '권위에
대한 맹목적 의존'이라는 심리적 태도나 사상에 의해 유지될
수 있다.

정치학적 관점에서 권위주의 체제의 특징으로는 정치적 다
원주의를 제한하고, 명확하고 정교한 이데올로기가 부재하며,
대신 특유의 권위주의적 사고방식에 의존하고, 대규모 정치적
동원 없이 통치하는 것 등이 있다. 이들은 시민의 정치적 자유

를 엄격히 제한하지만, 시민의 사생활 전반이나 전통적인 사회 조직(종교 단체, 가족 등)까지 완전히 통제하려 들지는 않는다는 점에서 전체주의(totalitarianism)와 구별된다. 전체주의는 국가가 시민의 공적·사적 삶의 모든 영역에 걸쳐 통제권을 행사하며, 이를 위해 정교한 이데올로기를 통해 국민 전체를 동원하려는 경향이 있다. 반면 권위주의는 대중의 정치적 행동을 제한하거나 금지할 뿐, 정치 영역 밖의 개인적 삶은 비교적 자유롭게 허용한다.

권위주의는 단일한 형태가 아니라, 권력을 장악하는 주체에 따라 다양한 유형으로 분류될 수 있다. 대표적인 유형으로는 군부가 권력을 장악하는 군부독재, 하나의 정당이 모든 권력을 독점하는 일당독재, 선거를 통해 집권했으나 사실상 독재적 통치를 행하는 문민독재, 그리고 군주가 절대 권력을 행사하는 왕정독재 등이 있다.

권위주의 체제가 등장하는 동기는 단순히 권력욕에 국한되지 않으며, 그 동기에 따라 체제의 성격과 통치 방식이 달라지는 양상이 나타난다. 싱가포르와 프란시스코 프랑코(Francisco Franco)가 집권하던 시기의 스페인은 이러한 차이점을 보여주는 대표적인 사례다.

스페인 내전 이후 등장한 프랑코 정권은 극심한 혼란을 통제하기 위해 무력과 억압을 동원하여 권력을 중앙에 집중시켰다. 이 체제는 반대파를 즉각적으로 탄압하고, 통치자의 권위를 공고히 하는 데 주력했다. 이는 권위주의가 불안정한 환경에서 질서와 안정을 약속하며 권력을 유지하는 형태임을 보여준다. 동시에 이 정권은 사회 전반을 통제했지만, 대중의 광범위한 정치적 동원을 추구하지는 않았다는 점에서 전체주의와 구별된다.

싱가포르의 권위주의는 군부 쿠데타나 내전과 같은 극심한 혼란 속에서 등장한 것이 아니다. 대신 '경제를 강화하고 국체(國體)를 공고히 하려는 필요성'이라는 동기에서 권위주의 체제가 형성되었다. 싱가포르의 권위주의는 경제적 안정과 발전을 대중에게 제공하는 동시에, 제한적으로 정치적 반대를 허용하는 '하이브리드형 권위주의'의 형태를 띤다. 노골적인 억압에 의존했던 스페인의 프랑코 체제와 달리, 싱가포르의 사례는 경제적 성공과 복지를 통해 대중의 암묵적 동의를 얻는 방식으로 권위주의가 지속될 수 있음을 보여준다. 이처럼 권위주의는 물리적 힘과 그에 따른 공포를 동원하여 정치적 반대를 원천적으로 봉쇄하는 억압 효과와 경제적 성과를 바탕으로 국민의 정치적 요구를 무마시켜 체제의 정당성을 확보하는 임대 효과와 같은 다양한 메커니즘을 통해 그 지속 가능성을 확보한다.

독재와 권위주의의 핵심적 차이점

독재와 권위주의는 종종 혼용되지만, 엄밀한 의미에서 두 개념은 다른 차원의 특성을 설명한다. 독재는 '홀로(獨) 재단(裁)한다'는 어원에서 알 수 있듯, 권력을 행사하는 주체, 즉 한 사람이나 소수 집단에 초점을 맞춘다. 반면 권위주의는 권위에 대한 복종을 통치 원리로 삼는 '체제 유형'을 의미하는 더 넓고 포괄적인 개념이다.

두 개념의 관계는 상호 배타적이기보다 중첩적이고 위계적인 관계로 파악할 수 있다. 독재는 특정 권력 주체에 대한 정의이며, 권위주의는 특정한 통치 원리를 가진 정치 체제의 유형이다. 따라서 독재자는 종종 권위주의적 방식으로 통치한다. 즉, 독재는 권위주의 체제 내에서 나타나는 한 형태일 수 있다. 예를 들어, 특정 인물에게 권력이 집중된 1인 독재는 군부 독재나 문민 독재와 같은 권위주의 체제의 한 유형으로 분류될 수 있다.

여기에 '전체주의' 개념을 추가하면 비민주적 통치 체제를 더 정확한 스펙트럼으로 이해할 수 있다. 전체주의는 정교하고 포괄적인 이데올로기를 바탕으로 대중을 광범위하게 동원하고 시민의 사생활까지 완벽하게 통제하려는 경향이 있다는 점에서 권위주의의 극단적인 형태로 간주된다. 또한 전체주의 체제는 필연적으로 강력한 1인 독재를 수반하는 경우가 많으므로, 전체주의는 권위주의의 가장 극단적 형태이자 독재의 가장 완전한 형태라고 할 수 있다.

이러한 관계를 종합하면 다음과 같은 위계적·중첩적 관계를 도출할 수 있다.

권위주의(가장 넓은 개념) → 독자(권력 주체에 따른 형태) → 전체주의(독재의 가장 극단적인 형태)

이러한 관계를 명확히 이해하는 것은 두 개념의 복잡성을 해명하는 데 필수적이다.

21세기 권위주의의 진화: '경쟁적 권위주의'와 '스핀 독재'

현대 정치 환경의 변화에 따라 권위주의와 독재 체제는 그 생존 방식을 진화시키고 있다. 과거의 노골적인 무력이나 쿠데타 대신, 민주주의의 형식적 제도를 활용하여 권력을 유지하는 새로운 트렌드가 나타났다. 이러한 체제를 정치학에서는 '경쟁적 권위주의(competitive authoritarianism)'라고 칭한다. 이들 체제는 명목상의 선거, 의회, 야당을 허용하지만, 정부는 미디어를 통제하고, 자원을 남용하며, 야당 후보를 비합법적인 방식으로 탄압함으로써 실질적인 권력 경쟁을 봉쇄한다. 이는 민주주의를 요구하는 국제 사회의 압력을 피하면서도 실질적인 권력 이양을 막기 위한 고도의 전략적 적응이다.

이와 유사한 개념으로 '스핀 독재(spin dictatorships)'가 있다. 이는 현대 독재가 무력이나 공포 대신 정보 조작과 기만에 의존하는 경향을 설명한다. 이들은 단정한 정장을 입고, 여론조사 전문가를 고용하며, 국민 참여를 위장하는 쇼를 연출한다. 이처럼 현대의 비민주적 체제들은 외부 환경에 적응하여 전통적인 강압적 통제에서 기만적 통제로 진화하고 있으며, 이는 독재와 권위주의가 민주화 시대에도 쇠퇴하지 않고 생존하는 이유를 설명해 준다.

이러한 스핀 독재의 경향은 정치적 경쟁자를 사법 절차를 통해 제거하려는 시도에서 두드러진다. 일례로, 윤석열 대통령 정부는 제1야당 대표이자 유력한 차기 대선 후보인 이재명에 대한 검찰 수사를 집중적으로 진행하며 검사독재 정권이라는 비판을 받았다. 이재명 대표는 이러한 수사가 정적을 제거하기 위해 국가 권력을 사유화한 행위라고 강하게 비판했다. 역대 정권에서 대선 패자를 수사하고 기소한 전례가 없다는 점에서, 이러한 사법 절차가 법치주의의 겉껍질을 뒤집어 쓴 정치적 탄압이 아니냐는 의문이 제기되었다. 이는 독재자가 정적에게 잔인하며, 민주주의의 겉모습만을 흉내내며 기만적인 수단을 통해 지배를 유지하는 현대 독재의 특징과 연결된다.

고대 로마의 독재관이라는 명예로운 관직에서 시작된 독재의 역사는 권력자들의 남용으로 인해 오늘날과 같은 부정적 의미를 얻게 되었다. 그러나 현대의 독재와 권위주의는 단순한 물리적 억압을 넘어, 민주주의의 겉모습만을 흉내내는 기만적인 전략으로 진화하고 있다. 경쟁적 권위주의나 스핀 독재와 같은 새로운 양상은 현대의 비민주적 체제가 국제적 압력과 내부적 동요에 적응하며 그 생존력을 확보하는 방식을 보여준다.

따라서 독재와 권위주의를 정확히 구분하고, 이들의 역사적 기원과 현대적 진화 양상을 파악하는 것은 현대 정치 현상을 피상적으로 이해하는 것을 넘어, 체제별 특징과 그 지속 가능성을 심층적으로 분석하는 데 필수적이다. 독재나 권위주의에 대한 전통적인 접근 방식으로는 윤석열 정권의 검찰권을 통원한 통치 방식이나, 결국은 12·3 비상계엄으로 이어진 과정을 설명할 수 없음을 상기해 봐야 한다.

검찰공화국과
새로운 독재 모델

독재의 판단기준

윤석열 검찰공화국과 새로운 독재 모델의 교차점

윤석열 정부가 검찰권을 동원해 대한민국을 통치하려 한 과정과 그 본질적 양상은 전통적 권위주의 이론으로는 온전히 설명되지 않는다. 그렇다고 윤석열의 소위 '검찰공화국'을 민주주의라 정의하기에는 모순되는 부분이 많다. 따라서 윤석열의 검찰공화국은 전통적인 독재가 아닌 21세기에 새롭게 등장한 권위주의 모델을 통해 살펴보아야 비로소 그 실체에 접근할 수 있을 것이다. 이에 '경쟁적 권위주의(competitive authoritarianism)'와 '스핀 독재(spin dictatorship)'의 개념을 활용하여 윤석열 검찰공화국을 권위주의 모델로 분류할 수 있는지 살펴보는 것은 대한민국의 정치 체제와 역동성을 살펴보는 데 좋은 방법일 것이다.

전통적인 '공포 독재(fear dictatorships)'가 폭력과 물리적 억압을 통해 권력을 유지했던 것과 달리, 현대의 권위주의 정권은 민주적 제도의 겉껍질을 뒤집어 쓴 채 교묘하게 권력을 장악하는 특징을 보인다. 따라서 기존의 잣대로는 설명하기 어려운 윤석열 정부의 국정 운영 방식을 이해하는 데 있어, 형식적 민주주의와 실질적 권위주의가 결합된 '경쟁적 권위주의'와 공포가 아닌 기만과 여론 조작을 활용하는 '스핀 독재'의 개념은 매우 유용한 분석 도구를 제공한다.

검찰공화국 비판의 배경과 현실

윤석열 정부는 출범 초기부터 '검찰공화국'이라는 비판에 직면했다. 이는 대통령 본인이 검찰총장 출신일 뿐만 아니라, 정부 요직에 전례 없이 검찰 출신 인사가 편중되어 등용되었기 때문이다. 특히, 검찰의 핵심 측근으로 알려진 한동훈 검사가 법무부 장관으로 지명된 것은 '능력과 인품'이라는 인사 기준에 대한 신념과 함께 '정치적 대립을 피하지 않겠다'는 국정 운영 스타일을 예고하는 상징적 사례로 분석되었다.

이러한 현상은 단순한 보은 인사를 넘어, 국가 시스템 자체를 재편하려는 전략적 시도로 해석될 수 있다. 검찰 출신 인사들은 대통령실(공직기강·법률 비서관)과 법무부를 넘어, 통일부 장관, 국가보훈부 장관, 국민권익위원회, 금융감독원장, 공공

기관 임원 등 검찰 업무와 직접적 관련이 없는 영역에까지 광범위하게 배치되었다.

2024년 5월 10일 기준으로, 장·차관급과 대통령실 고위 공직자 28명을 포함해 총 195명의 검찰 출신 인사가 주요 요직에 임명되었다. 이는 검찰의 핵심 역량인 '수사'를 통한 정보 수집 및 감시 능력을 활용하여 각 기관에 일종의 '감시자(monitors)'를 심으려는 전략으로 풀이될 수 있다. 이러한 인사 배치는 전통적인 행정 시스템을 우회하여 대통령에게 직접 보고되는 비공식적 정보 네트워크를 구축함으로써, 권력 기관 간 견제와 균형을 무력화하는 효과를 가져왔다.

윤석열 정부의 주요 인사 검찰 출신 현황 (출처: 참여연대, 2024.05.10 기준)

구분	인원	비고
총계 [=(1)+(2)-중복자(4명)]	213명	
현직자 총계 [=(1)+(2)-중복·임기만료 등(4명)]	195명	
(1) 검찰 출신 공공기관 임원 소계 [=①+②+③+④-임기만료나 당연직 보직 변동]	42명	현직 35명
① 윤석열 정부에서 임명된 검사 출신 임원 (법제처장, 법무부 법무실장 당연직 겸직 포함)	21명	당연직 2명 포함
② 윤석열 정부에서 임명된 검찰공무원 출신 임원	9명	
③ 문재인 정부 때 임명돼 재직한 검사 출신 임원	11명	임기만료 5명 포함
④ 문재인 정부 때 임명돼 재직한 검찰공무원 출신 임원	1명	

4장 오늘날 세계를 지배하는 민주주의의 어제, 그리고 내일

(2) 검찰 출신 고위공직자 + 외부 기관 파견자 소계 [=⑤+⑥+⑦+⑧-법무부장·차관 등 중복]	175명	현직 164명, 중복 제외
⑤ 검찰 출신 장·차관급과 대통령실 고위공직자	28명	사임 11명 포함
⑥ 법무부에 소속되거나 파견된 전·현직 검사	60명	
⑦ 국회 등 외부 기관 파견 검사	50명	
⑧ 법무부와 외부 기관 파견 수사관 등 검찰 직원	39명	

검찰권의 정치적 활용과 야권 탄압 의혹

윤석열 정부 출범 이후, 주요 야권 인사인 이재명 더불어민주당 대표를 겨냥한 전방위적 수사가 지속적으로 진행되었다. 이 대표는 검찰의 수사가 '먼지 털이'라며 자신과 주변 인물들이 지속적인 압박 수사로 고통받고 있다고 토로했다. 검찰은 그를 공직선거법 위반, 위례·대장동 개발 비리 및 성남FC 후원금 의혹, 위증교사와 쌍방울 대북송금 의혹과 관련한 '제3자 뇌물 혐의' 등으로 기소했다. 이재명 대표는 검찰의 쪼개기 기소에 많게는 주 4회 재판에 출석해야 했다. 제1야당 대표가 주 4회 법원에 출석하며 발이 묶이자 가택연금에 빗대어 사법연금이라는 비판까지 일었다. 이 과정에서 2023년 3월 이재명 대표의 경기도지사 시절 초대 비서실장이 압박 수사에 고통을 호소하며 극단적인 선택을 한 사건이 발생하기도 했다.

이재명 대표는 검찰의 과도한 압박 수사 때문에 생긴 일이라고 주장했다. "검찰 특수부의 수사 대상이 되면 사냥의 대상이 된다", "없는 사실을 조작하고 자꾸 증거를 만들어서 들이대니 빠져나갈 길이 없고 억울하니 극단적인 선택을 하게 된다"라고 말하며 검찰 수사를 강하게 비판했다. 이러한 맥락에서 그는 검찰의 수사를 향해 "그야말로 광기다. 검찰의 이 미친 칼질을 도저히 용서할 수 없다."고 발언했다. 이재명 대표의 '미친 칼질'이라는 발언은 검찰의 강압적이고 무리한 수사를 비판적으로 묘사하는 상징적인 표현이 되었다.

이러한 야권에 대한 검찰 수사는 단순히 법 집행의 문제가 아니라, 정치적 의도를 가진 사법 리스크(judicial risk) 전략으로 볼 수 있다. 실제로 윤석열 대통령의 지지율이 하락하고 외교 참사 등 국정에 대한 비판이 거세지면 그에 비례하여 검찰 수사 강도도 높아지는 패턴이 발견되었다. 이는 국정 운영 실패에 대한 국민의 주목을 사법 이슈로 전환하고, 야당에 정쟁 유발 프레임을 씌워 국정 주도권을 유지하려는 전형적인 전술에 부합했다. 즉, 대통령의 지지율이 취임 후 최저치를 기록하고 부정 평가의 주요 이유로 외교 문제가 지목되며 국정 동력이 상실될 위기에 처하자, 검찰 수사를 강화하여 정치적 논쟁의 초점을 정책 실패에서 개인 비리 의혹으로 돌리려는 전략을 구사한 것으로 풀이된다. 이러한 일련의 과정은 스핀 독재의 핵심인 여론 조작(shaping public opinion)과 반대파 무력화(neutral-

4장 오늘날 세계를 지배하는 민주주의의 어제, 그리고 내일

ization of opposition)를 법치라는 명분으로 수행하는 기만적인 전략이었다.

한편, 윤석열은 '반국가 세력' 담론을 통해 자신에게 반대하는 야당과 시민사회를 국가의 정체성을 부정하는 존재로 규정했다. 이와 함께 야당의 탄핵 추진을 '광란의 칼춤'에 비유하며 "탄핵하든 수사하든 당당히 맞설 것"이라고 선언했다. 이러한 담론은 자신에 대한 비판을 국가 체제에 대한 도전으로 프레임화함으로써 반대파의 정당성을 근본적으로 부정하려는 의도로 볼 수 있다.

윤석열 정부는 경쟁적 권위주의의 사례인가?

윤석열 정부의 통치 방식은 경쟁적 권위주의의 핵심 특징을 여러 면에서 보여준다. 정부는 선거, 국회 등 형식적으로는 민주적 제도를 유지하고 있으나, 검찰 출신 인사의 요직 독점과 야권 인사를 겨냥한 전방위적 수사는 선택적 법 집행을 통해 법치주의의 공정성 원칙을 훼손하고, 야당에 불리한 기울어진 운동장을 조성하는 경쟁적 권위주의의 전형적인 특징을 보여준다.

윤석열 정부가 민주주의를 폐기하겠다고 선언한 적은 없다. 오히려 법치와 원칙을 강조하며 정당성을 확보하려 했다. 그러나 법 집행의 결과는 권력을 감시하고 견제해야 할 야당과 시민사회에 대한 압박으로 나타났다. 이는 민주적 절차와 제도가 권위주의적 목적을 달성하는 데 활용되는 경쟁적 권위주의의 본질을 그대로 보여준다. 권력은 민주주의의 껍질을 뒤집어 쓴 채 그 내부에 권위주의적 내용을 채워 넣는 방식으로 작동했다.

윤석열 정부는 스핀 독재의 사례인가?

윤석열 정부의 통치 행태는 스핀 독재의 특징과도 상당 부분 일치한다. 스핀 독재는 물리적 폭력이나 공포 대신 기만을 통해 통치한다. 윤석열 정부는 '사법적 절차'라는 명분을 활용해 반대파를 무력화했다. 이재명 대표의 '미친 칼질' 발언은 이러한 법치를 가장한 폭력성에 대한 야권의 인식을 반영한다. 이는 시민을 살해하지 않고도 반대파를 감옥에 보내는 스핀 독재의 특징과도 일치한다.

또한 스핀 독재자들은 자신들을 유능하고 번영을 가져오는 지도자로 포장하고는 한다. 윤석열은 스스로를 '부패 수사에 능한 검사'로 규정하고, 한동훈 법무부 장관 지명을 통해 능력 기반의 리더십을 강조한 바 있다. 이는 스핀 독재의 전형적인 이미지 구축 행태와 유사하다. '반국가 세력' 담론은 특정 이념에 기반하기보다, 국내 정치적 국면 전환 및 지지층 결집이라는 실용적 목적을 위해 활용되었다. 이는 비이념적 실용주의

(non-ideological pragmatism)에 기반한 스핀 독재의 또 다른 전형적인 특징에 해당한다.

두 모델의 교차점과 한계

윤석열 정부의 통치 행태는 경쟁적 권위주의와 스핀 독재의 특징이 상호 보완적으로 결합된 복합적 양상을 보여준다. 검찰권 동원은 경쟁적 권위주의의 핵심 수단인 '선택적 법 집행'에 해당한다. 이를 정당화하고 여론을 조작하는 반국가 세력 담론이나 능력 기반의 리더십 강조는 스핀 독재의 핵심 전술에 해당한다. 즉, 검찰권 동원이라는 행동은 경쟁적 권위주의의 도구로 작동하고, 이를 포장하는 담론은 스핀 독재의 전술을 따른다. 두 개념은 윤석열 정부의 통치 행태를 입체적으로 분석하는 데 필수적인 틀이다.

그러나 서구의 사례와 달리, 한국은 강한 시민사회와 다원적인 미디어 환경, 그리고 강력한 야당이 존재한다. 이러한 조건은 스핀과 경쟁의 효과를 제한하는 요인이 된다. 예를 들어, 시민들은 검찰이 내놓는 정보에 의문을 품고, 야당은 대통령의 발언에 '광란의 칼춤'이라는 거친 표현으로 즉각 맞섰다. 이는 윤석열 정부의 신독재적 시도가 완전한 성공을 거두기 어려운 한국적 민주주의의 복원력을 보여주는 동시에, 권력과 시민사회 간의 첨예한 충돌이 장기화될 것임을 예고한다.

민주주의의 후퇴와 회복을 위한 과제

윤석열 정부의 검찰권 동원은 대한민국 민주주의의 핵심 원칙인 권력 분립과 견제, 그리고 법치주의의 공정성을 심각하게 훼손했다. 이는 단순히 특정 정치 세력의 흥망성쇠를 넘어, 민주적 절차에 대한 신뢰를 무너뜨리고 사회적 불신을 심화시키는 결과를 초래했다. '검찰 몰입 인사'는 국회, 행정부, 시민사회 등 다양한 주체에 의한 권력 감시 기능을 약화시켰다. 권력 견제의 핵심 주체인 검찰 자체가 권력의 중심이 됨으로써, 내부 견제는 사실상 불가능해졌다.

윤석열 정부의 통치 방식은 경쟁적 권위주의와 스핀 독재라는 새로운 권위주의 모델의 실험적 사례로 기록될 것이다. 민주주의의 회복을 위해서는 검찰의 정치적 중립성을 강화하고, 권력 감시 시스템을 복원하며, 시민의 참여를 확대하는 노력이 필수적이다. 이러한 측면에서 정부와 여당이 추진하는 수사·기소분리에 이에 따른 공소청 설립 등 검찰개혁 조치는 긍정적으로 평가될 수 있을 것이다. 이는 한국 민주주의가 새로운 형태의 권위주의적 시도에 맞서 스스로를 방어하고 진화하는 과정의 일환이 될 것이다.

V

우리나라
정치의 역사

독재자 이승만

이승만 독재의 특징

대한민국 초대 대통령인 이승만은 건국의 아버지라는 긍정적 평가와 함께, 장기 집권 과정에서의 비민주적 행태로 인해 독재자라는 비판을 동시에 받는 한국 현대사의 가장 논쟁적인 인물 중 한 명이다. 그의 통치 행태는 단순히 독재라는 한 단어로 규정할 수 없다. 그 성격이 지나치게 복잡하고 다층적이어서 단순히 독재라고 해버린다면 이를 온전히 이해할 수 없기 때문이다. 따라서 여러 '권위주의 이론'을 통해 이승만 정권이 권력을 강화하고 유지하기 위해 사용했던 구체적인 수단(헌법 개정, 반대파 제거, 이념 활용, 개인 숭배, 사법 및 군사력 동원 등)을 역사적 증거를 기반으로 검토해 보고자 한다.

권위주의(authoritarianism)의 특징과 이승만 정권

권위주의는 강력한 중앙 권력을 특징으로 하지만, 제한된 정치적 다원주의를 허용하는 통치 형태다. 권위주의는 이념적 열정보다는 '현 상태 유지'를 최우선 목표로 삼으며, 이념 자체보다는 권력 유지의 도구로서 활용되는 경우가 많다.

권위주의 이론에 따른 이승만 정권의 특징

비교	특징
핵심 이념의 성격	'반공주의'가 정권의 정당성을 확보하고 정적을 제거하는 도구로 활용됨.
정치적 다원주의 허용 여부	민주당 등 야당이 존재했으며, 선거를 통한 정권 유지를 시도함.
사회 통제 범위	언론 통제, 공포 정치 등 정치적 억압이 주를 이루었으나, 사회 전반에 대한 총체적 통제는 부재함.
인격 숭배의 정도	화폐, 동상, 기념관, 생일 행사 등 강한 개인 숭배가 있었으나, 권력에 의존한 일시적 현상이었음.
법치주의 존재 여부	발췌 개헌, 사사오입 개헌처럼 법을 무력화시키고, 법원 판결을 무시하는 행태를 보였음.
주요 통치 수단	부정선거, 헌법 개정, 반대파 탄압, 언론 폐간, 관제 데모 동원 등

헌법과 선거의 조작

이승만 정권의 독재적 성격은 헌법과 민주적 제도를 자신의 권력 유지 수단으로 활용한 일련의 사건들에서 명확하게 드러난다. 제1대 대통령 임기 만료를 앞둔 1952년, 국회 간접 선거를 통해 재선이 어렵다고 판단한 이승만은 대통령 직선제를 골자로 한 '발췌 개헌'을 추진했다. 그는 당시 임시 수도였던 부산에 계엄령을 선포하고 야당 의원들을 대거 연행, 감금하는 물리적 압박을 가함으로써 직선제 개헌안을 강제로 통과시켰다. 이는 전쟁의 혼란을 악용하여 민주주의의 형식적 절차를 권력 유지의 도구로 전락시킨 전형적인 권위주의적 행태로 볼 수 있다.

1954년에 단행된 '사사오입 개헌'은 이러한 행태의 극치를 보여준다. 이 개헌은 초대 대통령에 한해 중임 제한을 철폐하여 이승만의 영구 집권을 가능하게 하는 것이 주요 목적이었다. 그러나 국회 표결 결과 정족수 미달로 부결되자, 자유당은 '사사오입(四捨五入)'이라는 비논리적인 수학적 계산법을 동원하여 부결된 안건을 강제로 통과시켰다. 이 사건은 이승만 정권이 법치주의를 완전히 무시하고 권력자의 자의적 판단을 우선시했음을 명확히 보여주는 사례이다.

이러한 비민주적 행위는 1960년 '3·15 부정선거'에서 절정에 달한다. 1956년 제3대 대통령 선거에서 야당 후보였던 조봉암이 30%에 육박하는 득표율을 얻고, 같은 해 부통령에 장면 후보가 당선되면서 이승만 정권의 위기감은 고조되었다. 이에 이승만과 자유당은 1960년 정·부통령 선거에서 투·개표 요원을 동원한 전방위적인 부정행위를 자행했다. 이는 이승만 정권이 더 이상 합법적이고 민주적인 절차로는 권력을 유지할 수 없음을 스스로 인정한 행위였으며, 결국 '4·19 혁명'이라는 국민적 저항에 직면하여 이승만 대통령의 하야로 이어졌다.

5장 우리나라 정치의 역사

반대 세력 제거와 공포 정치

이승만 정권의 독재적 성격은 반대 세력을 제거하는 방식에서도 뚜렷이 나타난다. 1956년 선거에서 강력한 경쟁자로 부상했던 진보당 당수 조봉암은 1958년 간첩 혐의로 체포되었고, 1959년 사형이 집행되었다. 이 사건은 당시 외신에서도 이승만 정권이 재집권을 위해 반대당의 수족을 잘라냈다고 평가했으며, 조봉암의 사형으로 이승만의 최대 정적이 사라졌다고 보도했다. 이승만은 이미 조봉암 체포 이전부터 그를 조치되었어야 할 인물로 규정했다. 이는 2011년 대법원에서 무죄가 선고된 '사법 살인'으로 평가받는다. 이 사건은 반공주의 이념이 정적을 제거하기 위한 정치적 도구로 활용되었음을 보여주는 대표적인 사례다.

언론 탄압 역시 권위주의적 통치의 핵심 수단이었다. 정부에 비판적인 논조를 이어가던 경향신문은 1959년 4월 30일 이승만 정부에 의해 폐간 명령을 받았다. 이는 이승만 정권이 언론의 자유라는 민주주의의 기본 원칙을 점진적으로 훼손하는 방식이었다. 그러나 이 사건의 진행 과정에는 중요한 차이점이 존재한다. 경향신문이 폐간 명령에 불복하여 소송을 제기했고, 법원이 가처분 신청을 받아들여 발행이 가능해지자 정부는 '무기한 발행정지'라는 새로운 행정처분으로 대응했다. 이는 법치가 완전히 해체된 것이 아니라, 권력과 법률 간의 제한적인 긴장 관계가 존재했음을 보여준다. 이승만 정권의 권력 행사는 사법부에 대한 통제에서도 그 한계가 드러난다. 정부의 명령에 의해 경향신문은 폐간되었지만, 대법원은 이를 무효화하는 판결을 내렸다. 이처럼 사법부와 행정부 사이에 일정한 긴장 관계가 존재했다는 사실은 이승만 정권이 사법부까지 완벽히 장악하고 개인의 삶을 통제했던 여타 권위주의 정권이나 전체주의 체제와 구별되는 뚜렷한 차이였다. 이승만 정권은 강력한 대통령 개인의 리더십에 의존했을 뿐, 공산주의 정권이나 나치 정권처럼 국가 기구 전체를 장악하여 국민의 삶을 이념적으로 통제하는 데는 미치지 못했기 때문이다.

정치적 폭력 또한 이승만 정권의 통치 방식 중 하나였다. 1958년 국가보안법 개정안을 통과시키기 위해 자유당은 야당 의원들을 폭력으로 국회에서 몰아내는 '2·4 파동'을 저질렀다. 더 나아가 정부의 필요에 따라 반공 단체나 학생들을 동원한 관제 데모를 적극적으로 활용했다.

공포 체제의 구축

이승만 정권은 반공주의를 명분으로 군사력과 사법 시스템을 동원해 국민을 탄압하고 공포를 확산시켰다. 1948년 10월, 여수 주둔 국방경비대 14연대 일부가 무장반란을 일으키자 이승만 정부는 즉시 계엄령을 선포하고 10개 대대 병력을 투입해

진압했다. 이 과정에서 정부군에 의해 약 2,500여 명의 민간인이 살해당했다.

특히, 제주 4·3 사건은 이승만 정권의 공포 통치 성격을 극명하게 보여주는 사례다. 남로당 제주도당의 무장봉기에 맞서 이승만 정권은 군 병력을 증파하고 제주도 전역에 계엄령을 선포했다. 이후 진행된 무장대 토벌 및 초토화 작전으로 인해 제주도 중산간지대 마을의 95%가 파괴되었고, 군경과 극우단체 서북청년단에 의해 수만 명의 무고한 즈민들이 살해당했다. 이 과정에서 재판 절차도 없이 주민들이 집단 사살되었으며, 한국 전쟁 발발 직후에는 보도연맹 가입자나 4·3 사건 관련 요시찰자 등 수천 명을 앞으로 범죄를 저지를 우려가 있으므로 미리 구금시켜야 한다는, 일명 예비 검속 명목으로 집단 처형시키기도 했다. 이러한 대규모 민간인 학살은 이승만 정권이 반대 세력을 제거하는 데 있어 군사력 동원이라는 극단적인 수단을 서슴지 않았음을 보여 준다.

반공주의의 역할

이승만 정권의 통치 행태를 이해하는 데 있어 반공주의의 역할은 매우 중요하다. 한국 전쟁은 이승만에게 비상사태를 선포하고 모든 반대 세력을 빨갱이로 몰아 탄압함으로써 권력을 공고히 할 수 있는 완벽한 명분을 제공했다. 이승만 정권은 국가 기념일 연설을 통해 공산주의자들의 만행을 지속적으로 상기시키고, 반공주의를 민족의식과 연결하여 국민의 의식에 내면화시키는 데 적극적으로 활용했다. 그러나 이는 사회 구성원 전체를 새로운 인간형으로 재창조하려는 시도라기보다, 정권의 정당성을 확보하고 통치 행위를 정당화하는 안보적 이념에 가까웠다.

한편, 이승만이 제시한 '일민주의(一民主義)'는 반공 체제를 구축하고 국민을 단합시키기 위한 이념이었으나, 사회 전반의 구조를 재편하려는 총체적 이념이 아닌 반공이라는 단일 명분에 집중했다. 미국 군정 정치고문이었던 버치(Leonard M. Bertsch)가 이승만을 "파시스트가 아니라 파시스트보다 두 세기 앞선 순수한 부르봉파(Bourbon)"라고 평한 것은 그의 통치 행태가 근대적 이념을 바탕으로 한 것이라기보다는, 제도와 법 위에 군림하려는 봉건 군주적인 성격이 더 강했음을 보여준다.

개인 숭배와 대중 동원

이승만 정권은 정권의 정당성과 통치 기반을 강화하기 위한 상징적 수단으로 강력한 개인 숭배를 활용했다. 그는 '건국 대통령', '민족의 태양', '자유세계의 광명'과 같은 호칭으로 불렸으며, 그의 초상이 화폐에 새겨지고, 호(號)인 '우남'을 딴 도로, 공원, 건물들이 세워졌다. 1950년 7월, 한국은행이 처음 발행한 1000원권에 한복을 입은 이승만 대통령의 초상이 실렸다. 이후 1952년에 발행된 500원권과 1000원권, 그리고 1953년 화폐 개혁 이후 발행된 '환(圜)' 단위의 지폐들에도 이승만의 초상이 계속 사용되었다. 특히 그의 생일은 성대한 국가 행사로 치러졌으며, 군인과 탱크까지 동원된 대규모 시가행진이 벌어지기도 했다.

이러한 이승만의 인격 숭배는 강력했지만, 모든 생활을 통제하고 이념적으로 복종을 강요하는 극단적인 사례와는 차이가 있었다. 이승만 정권의 우상화는 강력한 단일 정당이나 총체적 이념이 부재한 상황에서 통치 기반을 강화하기 위한 '상징적 수단'에 불과했다. 4·19 혁명 이후 그의 모든 상징물이 순식간에 사라졌다는 점은 이러한 우상화가 이념적 충성심에 뿌리박은 것이 아니라, 권력에 의존한 취약한 현상이었음을 보여준다.

1962년 6월 10일 정부는 화폐 단위를 '환(圜)'에서 '원(元)'으로 바꾸는 긴급통화조치를 단행했다. 이 때 새로운 '원' 단위 화폐들이 발행되었고, 이 화폐들에는 이승만 전 대통령 초상화 대신 세종대왕, 남대문, 독립문 등의 다른 인물이나 상징물이 새겨졌다. 이는 영속적인 인격 숭배와 구별되는 중요한 지점이다.

독재자 이승만

이승만 정권의 특징은 '제한된 다원주의'와 '정치적 억압'을 핵심으로 하는 권위주의에 부합한다. 그는 자유로운 선거를 통해 권력을 유지하려 했으나, 위협을 느낄 때마다 헌법과 선거를 조작하고, 정적을 제거하며, 언론을 탄압했다. 또한 여순 사건이나 제주 4·3 사건처럼 군사력을 동원해 대규모 민간인 학살을 자행하고, 조봉암 사건처럼 사법 절차를 무력화시키는 사법 살인을 저질러 정적을 제거함으로써 강력한 공포 정치를 구축했다. 이처럼 이승만 정권은 공포와 폭력을 통해 반대 세력을 배제하고 권력을 유지했다.

이승만 정권의 통치 체제는 형식적인 민주주의의 틀을 남겨두고 그 내용을 비워내는 권위주의적 행태를 보였다. 한국 전쟁과 냉전이라는 외부 환경은 반공이라는 이념을 정권 유지의 핵심 도구로 제공함으로써 이러한 독재 체제를 공고화하는 결정적인 역할을 했다. 이승만 정권의 독재는 국민에 의한 민주주의 제도의 훼손이라는 비극적인 선례를 남겼지만, 결국 국민의 힘으로 무너졌다는 점에서 한국 민주주의의 성장 잠재력을 보여주기도 했다.

박정희와 개발독재

여전히 한국을 지배하고 있는
박정희의 유령

박정희 집권기는 대한민국 현대사에서 가장 복합적이고 논쟁적인 시기로 평가받는다. 1961년 5·16 군사정변으로 정권을 장악한 이후, 박정희는 1979년 서거할 때까지 약 18년간 대한민국의 통치자로 군림했다. 이 시기 동안 한국은 전례 없는 고도 경제성장을 경험하며 절대 빈곤에서 벗어났다는 긍정적 평가와 함께, 자유민주주의의 제도적 기반이 철저히 무너지고 인권 탄압이 일상화된 독재 체제였다는 비판을 동시에 받고 있다.

박정희 독재 체제는 단순히 개인의 권력욕에 기반한 것이 아니라, 헌정 질서 파괴, 국가 기구를 통한 통제, 사회적 저항 억압, 그리고 독재를 정당화하는 이념적 기제들을 총동원하여 구축된 고도화된 권위주의 체제였다. 특히, 독재가 5·16 군사

정변 이후 일거에 완성된 것이 아니라, 대통령 3선 개헌(1969)과 10월 유신(1972)으로 이어지는 단계적이고 점진적인 과정을 거쳐 공고화된 특징을 간과해서는 안 된다.

헌정 질서 파괴를 통한 권력의 제도화
대통령 3선 개헌, 장기 집권의 서막

박정희는 1967년 제6대 대통령으로 재선에 성공했으나, 제3공화국 헌법(1962년 개정) 제69조 제3항은 대통령의 중임을 1차에 한해 허용하고 있었다. 이에 따라 1971년 대통령 선거에 다시 출마하기 위해서는 헌법 개정이 필수적이었다. 박정희 정권은 장기 집권을 위한 3선 개헌을 추진하기 시작했다.

이 과정에서 권력 내부의 반발을 직면하게 되었다. 후계자로 유력시되던 김종필과 그를 지지하는 세력은 3선 개헌에 반대했고, 이에 박정희는 1968년 '국민복지회 사건'과 1969년 '4·8 항명 파동'을 통해 이들을 숙청하며 당내 기반을 확고히 다졌다. 이어서 민주공화당은 1969년 초부터 개헌의 필요성을 공론화했고, 야당인 신민당은 '3선개헌저지투쟁위원회'를 결성하며 격렬한 반대 투쟁을 벌였다.

격렬한 반대 여론과 야당의 저항 속에서, 3선 개헌안은 1969년 9월 14일 새벽 2시 30분, 통행금지가 있던 상황에서 일요일이라는 변칙적인 시점에 기습적으로 통과되었다. 야당 의원들

5장 우리나라 정치의 역사

이 국회 본회의장에서 농성 중인 틈을 타, 여당 의원 122명은 국회 3별관에 모여 개헌안과 국민투표법안을 날치기로 통과시켰다. 이 개헌안은 이후 국민투표를 거쳐 확정되었다. 이는 헌정 질서를 훼손하면서도 '국민의 동의'라는 형식적 절차를 통해 독재를 합법화하려는 시도였다.

10월 유신, 영구 집권 체제의 완성

3선 개헌을 통해 장기 집권의 길을 연 박정희는 1972년 10월 17일, 대통령 특별선언을 발표하며 헌정 질서를 완전히 중단시켰다. 이 조치로 국회는 해산되고, 정당 및 정치활동은 중지되었으며, 전국에 비상계엄령이 선포되었다. 이는 헌법적인 근거가 전혀 없는 초법적인 행위로, 박정희는 스스로 법 위에 군림하는 '주권적 독재'의 길을 택했다.

한국적 민주주의를 표방하며 제정된 유신 헌법(제3호)은 삼권 분립의 원칙을 완전히 무너뜨리고 대통령에게 모든 권력을 집중시켰다. 유신 헌법의 독재적 설계는 다음과 같은 주요 내용에 명시적으로 드러난다.

- 대통령 간선제: 대통령 선출 방식이 국민의 직접 선거에서 통일주체국민회의의 간선제로 변경되었다. 통일주체국민회의는 사실상 정부의 통제를 받는 관제 기구에 불과했다.

- 종신 집권의 법적 기반: 대통령의 임기는 6년으로 연장되었고, 연임 횟수 제한이 철폐되어 사실상 종신 집권이 가능해졌다.
- 삼권 분립의 붕괴: 국회의원 정수의 3분의 1에 해당하는 수의 의원을 대통령이 추천하면 통일주체국민회의가 승인하는 방식으로 국회를 장악했다. 이렇게 선출된 국회의원이 만든 단체가 유신정우회였다. 또한 대통령에게 긴급조치권과 국회 해산권을 부여하여 입법부를 무력화했고, 대통령에게 모든 법관에 대한 임명권까지 주면서 사법부마저 장악했다.
- 기본권 침해: 유신 헌법은 국민의 기본적 자유와 권리의 본질적 침해를 금지하는 조항을 삭제했으며, 노동 3권 등 국민의 기본권을 대폭 제한했다.

유신 헌법은 군사적 조치 이후 국민투표라는 절차적 정당성을 가장하여 독재를 제도화하려는 시도였다. 이는 단순히 물리적 힘에 의존하는 것을 넘어, 법률과 제도의 겉으로 보이는 형식만을 교묘하게 활용해 합법성을 부여하려는 독재의 점진적이고 세련화된 양상을 보여준다. 박정희가 내세운 '한국적 민주주의'는 서구의 자유민주주의를 대체하려는 이념적 시도였으나, 실질적으로는 1인 전제정치 또는 파시즘적 통치에 불과하다는 비판을 받았다.

유신 헌법 제정 전후의 헌법적 변화

구분	유신 헌법 제정 전 (제3공화국)	유신 헌법 제정 후 (유신 체제)
대통령 선출 방식	국민의 직접 선거	통일주체국민회의의 간접 선거
대통령 임기	4년(1차 중임 허용)	6년(연임 제한 없음)
국회 구성	국민의 직접 선거	• 2/3 국민 직선 • 1/3 대통령 추천(유신정우회)
국회의원 임기	4년	• 국민 직선: 6년 • 대통령 추천: 3년
국회 권한	• 국정감사권 • 대통령 탄핵소추	• 국정감사권 폐지 • 개회 일수 150일 제한
대통령의 권한	행정부 수반	• 행정·입법·사법 전반의 권한 집중 • 긴급조치권, 국회 해산권, 법관 임명권

공권력을 동원한 반대 세력 탄압과 사회 통제

유신 헌법의 핵심이자 독재 통치의 상징적인 도구는 바로 '긴급조치권'이었다. 이는 대통령에게 헌법 효력까지도 일시적으로 정지시킬 수 있는 초법적인 권한을 부여했다. 이 권한을 근거로 발동된 긴급조치들은 반정부 운동을 탄압하고 국민의 기본권을 억압하는 데 무자비하게 활용되었다.

예를 들어, 긴급조치 제1호는 대한민국 헌법에 대한 부정, 반대, 비방을 금지했고, 제4호는 민주화 운동의 구심점이었던 '전국민주청년학생총연맹(민청학련)'을 해체하고 관련자들을 공산주의 추종세력으로 몰아 무더기로 구속, 기소하는 데 사용되었다. 긴급조치의 결정판이라 불리는 제9호는 유신 헌법에 대한 일체의 비방을 금지하고 영장 없는 체포와 구금을 가능하게 했다. 이 조치로 "박정희는 나쁜 놈이다"라고 말한 한 농민에게 징역형이 선고되는 등, 사소한 비방 행위조차 가혹하게 처벌함으로써 국민의 일상적인 언론의 자유마저 철저히 억압했다.

사법 살인과 조작 사건

박정희 독재 체제는 긴급조치라는 초법적 수단과 함께 사법부를 통치의 도구로 전락시켰다. 이를 상징적으로 보여주는 대표적인 사례가 바로 인민혁명당(인혁당) 사건이다. 1964년에 발생한 1차 인혁당 사건은 '북한의 지령을 받은 반정부 조직'이라는 명목으로 혁신계 인사들을 탄압한 조작 사건이었으며, 1974년 2차 인혁당 사건(인혁당 재건위 사건)은 민청학련의 배후로 지목된 관련자 8명에 대하여 재판 18시간 만에 사형을 집행한 '사법 살인'으로 평가된다.

이 사건들은 훗날 재심을 통해 그 진실이 밝혀졌다. 재판부는 관련자들이 고문과 불법 수사를 받았으며, 인혁당이 강령을 가진 구체적인 조직이라는 사실이 입증되지 않았다고 판단하여 모두 무죄를 선고했다. 이는 당시 사법부가 정권의 의도에 따라 판결을 내리는 정치 재판소의 역할을 했음을 명확하게 보여준다.

이처럼 박정희 정권은 반공주의를 체제 정당성의 핵심으로 내세우면서, 정작 반공 이데올로기를 외부의 위협(북한)뿐만 아니라 내부의 반대 세력(학생, 지식인)을 제거하고 무고한 시민들을 탄압하는 데도 활용하는 이중적인 면모를 보였다.

비밀경찰을 통한 공포 정치, 중앙정보부

박정희의 독재는 중앙정보부라는 막강한 물리적 강제력을 통해 완성되었다. 5·16 군사정변 직후 창설된 중앙정보부는 초기부터 최고 권력자의 비호를 받는 비밀경찰로 기능했다. 1963년 이후 대통령 직속 기구로 위상이 격상되었고, 비상계엄 상태가 아니어도 군부가 모든 분야에 실질적인 통치력을 행사할 수 있는 기구가 되었다.

중앙정보부는 반공과 방첩이라는 본연의 임무를 넘어, 쿠데타에 저항하는 세력을 제거하고, 정부 시책을 홍보하며, 여론을 정권에 유리하게 조성하는 등 권력의 말초신경 역할을 수행했다. 이러한 공포 통치 메커니즘은 '긴급조치'라는 법적 외피를 쓴 초법적 수단과 '중앙정보부'라는 물리적 강제력이 결합하여 반대 세력을 제거하고 국민을 통제하는 방식으로 작동했다. 인혁당 사건과 민청학련 사건 같은 조작 사건들은 이 메커니즘이 얼마나 자의적이고 무자비하게 작동했는지를 보여주는 상징적인 사례다.

언론 통제와 정보 독점의 기제

유신 체제는 모든 정치활동 목적의 집회와 시위를 금지하고, 언론, 출판, 보도, 방송에 대해 명시적인 사전 검열을 요구했다. 이는 언론을 정부의 비판적 감시자에서 정부 시책 홍보와 여론 조성의 수단으로 전락시키는 결과를 초래했다.

정권은 이러한 물리적·정치적 압력뿐만 아니라 교묘한 경제적 수단을 활용하여 언론을 통제했다. 비판적 논조를 견지하려는 언론사에 대해 주요 광고주들을 협박해 광고 계약을 일방적으로 해지하도록 압력을 넣는 방식을 사용했다. 이는 독재 체제가 사회의 다양한 분야(경제, 기업)를 통치 도구로 동원하는 방식을 보여준다.

동아일보 백지 광고 사태

1974년, 동아일보 기자들은 '자유언론수호대회'를 열고 결의문을 발표하며 정권의 언론 탄압에 대한 저항 의지를 표명했다. 이에 당황한 박정희 정권은 중앙정보부를 동원해 동아일보의 주요 광고주들에게 광고 계약 해지를 강요하는 압력을 행사했다.

1974년 12월 26일부터 동아일보는 광고 지면을 채우지 못하고 백지로 발행되거나 기사로만 채우는 사태에 직면했다. 이 사태에 대해 시민들은 자발적으로 동아일보를 지지하며 격려 광고를 게재하고 성금을 보내는 방식으로 정권의 언론 탄압에 저항했다. 이는 정보 독점 시대에도 시민들의 자발적 연대와 저항이 가능했음을 보여주는 사례였다.

결국 동아일보 경영진은 정권의 압력에 굴복하여 1975년 3월부터 저항하던 기자들을 대량 해고했다. 하지만 해고된 기자들은 '동아자유언론수호투쟁위원회'를 결성하여 민주화 운동에 투신했으며, 이는 훗날 시민 기금으로 한겨레신문을 창간하는 밑거름이 되었다. 이 사건은 독재가 언론을 통제하려는 시도가 역설적으로 더 큰 저항을 낳아 민주화 운동의 중요한 동력이 되었음을 보여준다.

개발과 국가주의 이념을 통한 독재의 정당화

박정희는 5·16 군사정변으로 집권한 이후, 정권의 정당성을 확보하기 위해 경제개발을 최우선 과제로 내세웠다. 당시 국민들이 절대 빈곤에 시달리던 상황에서 '잘 살아보세'라는 구호 아래 강력한 경제개발계획은 대중의 지지를 얻는 중요한 명분이 되었다.

박정희 시대는 국가 주도의 강력한 경제개발계획을 통해 경이적인 경제성장(연평균 8.9%)을 이루었고, 1인당 국민총생산(GNP)은 1961년 87달러에서 1979년 1,597달러로 크게 증가했다. 수출액은 100억 달러를 달성하기도 했다.

그러나 이러한 성과는 선택과 집중을 내세운 정부가 주도한 통제 경제의 결과였다. 정부는 기업에 저금리의 특별 금융을 제공하고 각종 보조금을 지급했으며, 이는 시장 기능의 활성화를 저해하고 재량에 의존하는 정부-기업 관계를 고착화하며 정경유착이라는 심각한 폐해를 낳았다. 또한 중화학 공업 중심의 경제 정책은 과잉 중복 투자를 초래하여 제2차 석유 파동 시기에 경제 악화와 국민 불만으로 이어졌다.

개발독재론은 "경제 성장을 위해서는 민주주의를 잠시 유보해야 한다"는 논리로 독재를 합리화하는 대표적인 사례이다. 하지만 장기적인 경제성장은 민주화가 담보될 때 지속 가능하다는 반론도 제기된다. 이는 선(先) 경제성장, 후(後) 민주화라는 논리가 비현실적임을 보여준다. 이 논리가 비현실적인 이유는 독재 체제 내에서 민주주의의 유보가 장기 집권의 수단으로 변질되어 독재 정권이 경제 성장이 아닌 권력 유지에만 몰두할 위험이 크기 때문이다. 또한, 독재 체제의 통제 경제는 결국 정경유착, 비효율적인 중복 투자, 그리고 재량에 의존하는 정부-기업 관계의 고착화를 낳아 장기적으로 경제 성장의 활력을 저해하고 경제 위기에 취약해지게 마련이다. 나아가, 경제 발전 과정에서 필연적으로 발생하는 사회적 불만이나 비판이 민주적 절차를 통해 해소되지 못하고 긴급조치 같은 초법적 수단으로 억압되면, 결국 사회적 불안정으로 이어져 성장의 지속 가능성을 훼손하게 되기 때문이다.

반공주의와 국가주의의 신성화

박정희 정권은 개인의 권위주의 체제를 정당화하기 위해 반공과 국가 안보를 적극적으로 활용했다. 북한의 위협을 끊임없이 강조하며 이를 국내의 정치적 반대자들을 불순세력으로 몰아 탄압하는 데 동원했다. 또한 장발이나 미니스커트를 단속하는 등 국민의 일상을 규제하며 이를 국가 안보와 동일선상에 놓아 국민의 자유를 제약하는 논리로 활용했다.

이와 함께 박정희는 국가주의 이념을 신성화했다. 그는 '진충보국 멸사봉공(盡忠報國 滅私奉公)'과 같은 문구를 강조하며, 개인이 국가를 위해 희생하는 것이 당연하다는 사상을 내면화하도록 유도했다. 이는 국가가 개인의 자유나 시민 사회보다 우월한 존재라는 전제에 기반한 것으로, 정치적 반대 행위를 국론 분열이나 사회 기강 해이로 규정하여 억압하는 논리로 활용되었다. 박정희 시대의 독재는 단순히 개발이나 반공이라는 단일 이념에 기반한 것이 아니라, 경제적 국가주의, 반공주의, 그리고 일제강점기 파시즘적 교육과 같은 다양한 이념들이 혼합된 복합적인 국가주의였다.

여전히 살아있는 박정희 독재

박정희 정권은 비록 독재정권이기는 하였으나 단기간에 국가적 역량을 동원하여 산업화와 경제 성장을 이끌어냈다는 긍정적인 평가를 받는다. 그러나 그 대가로 헌정 질서 파괴, 기본권 침해, 그리고 인권 탄압이라는 막대한 희생을 강요했다. 법치주의가 무너지고, 사법부는 정권의 시녀로 전락했으며, 긴급조치와 같은 초법적 수단을 통해 국민의 일상이 감시당했고, 대한민국은 공포에 시달려야 했다.

박정희 독재는 단순한 철권통치를 넘어, 3선 개헌과 유신 헌법이라는 법적·제도적 장치, 중앙정보부라는 물리적 강제력, 광고 탄압이라는 경제적 무기, 그리고 개발독재와 국가주의라는 이념적 명분을 총동원하여 권력을 영속화하려 했던 고도화된 권위주의 체제였다.

박정희 시대의 통치 방식은 발전주의와 국가주의를 한국 사회에 깊게 각인시켰고, 이는 선택과 집중에 따른 정경유착, 관주도 경제 모델 등 현대 한국 사회의 정치, 경제, 사회 전반에 깊은 영향을 미쳤다. 이 유산은 여전히 한국 사회의 보수와 진보 진영 간의 갈등을 일으키는 핵심적인 원인으로 남아 있다. 박정희 독재의 역사적 유산을 제대로 평가하기 위해서는 단편적인 경제적 성과만을 볼 것이 아니라, 그 시대에 자행된 모든 독재적 기제와 그로 인한 희생을 총체적으로 고려하는 균형 잡힌 시각이 필수적일 것이다.

전두환의 신군부

권력 장악, 유지 그리고 저항

    독재 이론에서 핵심적인 개념인 권위주의는 강력한 중앙집 권적 권력과 제한적인 정치적 다원주의를 허용하는 반면, 전체 주의는 국가가 사회의 모든 측면을 통제하려는 이념적 통제를 특징으로 한다. 전두환 정권은 국민의 사생활 전반을 통제하 는 전체주의적 성격보다는, 물리적 억압과 더불어 법적·제도 적 장치, 언론 통제, 그리고 문화적 통제 등 복합적이고 다층적 인 통치 기술을 활용했다는 점에서 권위주의적 독재의 특징을 강하게 드러낸다. 이는 1980년대 한국 사회에서 나타난 독재의 진화된 형태로, 독재가 더 이상 노골적인 폭력만으로 유지되지 않는다는 점을 시사한다.

12·12와 5·17의 연쇄 쿠데타

전두환 정권은 1979년 10·26 사태로 박정희 유신 체제가 붕괴하면서 발생한 권력 공백기를 틈타 일련의 군사적 행동을 통해 권력을 장악했다. 이는 단순히 정권의 교체를 넘어, 폭력적 수단을 동원한 계획적이고 단계적인 권력 찬탈 과정이었다.

12·12 사태는 1979년 12월 12일, 군 내부의 사조직인 '하나회'의 핵심 인물인 전두환과 노태우가 주도하여 일으킨 군사반란이다. 당시 합동수사본부장이라는 직위를 이용하여 군 내에서 막강한 권력을 행사하던 전두환이 그의 권력 확장을 경계하던 정승화 육군참모총장을 박정희 대통령 시해 사건에 연루된 것으로 조작하여 체포하면서 사건이 시작되었다.

최규하 대통령의 재가 절차를 무시하고 진행된 이 사건은 훗날 판결에 의해 군사반란으로 규정되었다. 이는 전두환과 신군부 세력이 육군 지휘부를 무력화하고 군 전체를 장악하기 위한 물리적 기반을 마련하는 결정적인 사건이었다. 12·12 군사반란은 숙군(肅軍, 군의 기강을 바로잡기 위하여 군 내부의 불순분자들을 엄하게 다스림)이라는 명분을 내세웠지만, 실질적으로는 군부 내 반대 세력을 제거하고 군을 전두환의 사적 도구로 만들기 위한 수직적 권력 장악 과정이었다. 이는 정권 찬탈을 위한 필수적인 전초전이자, 이후 5·17 내란을 가능하게 한 물리적 토대가 되었다는 점에서 역사적으로 내란의 시작점으로 평가된다.

정치권력의 전면적 장악

12·12 군사반란으로 군권을 완전히 장악한 신군부는 이듬해인 1980년 5월, 본격적인 정치권력 장악 시나리오에 착수했다. 1980년 5월 17일, 신군부는 시국 수습을 명분으로 비상계엄령을 전국으로 확대했다. 이는 기존의 계엄령이 전국으로 확장된 것에 불과하지만, 실질적으로는 정권 장악을 위한 계획적인 정치 쿠데타였다.

신군부는 전국에 비상계엄령을 선포하고 정당 및 정치활동 금지, 국회 폐쇄, 그리고 당시 민주화 운동을 주도하던 학생 및 정치인들에 대한 대규모 구금 조치를 단행했다. 특히, 당시 정치적 라이벌이었던 김영삼과 김대중을 각각 가택 연금 및 체포함으로써 모든 정치적 견제 세력을 사전에 제거하는 노골적인 시도를 보였다.

또한 대학가 시위를 잠재우려는 의도로 전국의 92개 대학에 계엄군 병력 2만 2천여 명을 집중 배치하여 민주화 운동의 핵심 주체였던 학생들을 선제적으로 진압하려는 의도를 드러냈다. 5·17은 군사반란을 통해 얻은 군사력을 바탕으로 정치권력을 완전히 장악하려는 목적을 지닌, 12·12 군사반란과 분리할 수 없는 일련의 권력 찬탈 과정이었다.

광주민주화운동의 폭력적 진압

5·17 내란에 대한 저항으로 광주 시민들이 일으킨 민주화운동을 진압하는 과정은 전두환 정권의 독재적 성격을 가장 극명하게 보여주는 사례다. 이는 단순히 한 지역의 저항을 누르는 것을 넘어, 전 국민에게 공포를 심어 독재 체제에 대한 저항 의지를 꺾으려는 국가 테러의 성격을 갖는다.

5·17 비상계엄 전국 확대 조치에 따라 전남대학교에도 계엄군, 특히 공수부대가 투입되자 학생과 시민들의 분노가 폭발했다. 1980년 5월 18일, 휴교령에 반발하며 등교하려던 전남대학교 학생들을 공수부대가 곤봉과 대검으로 잔혹하게 구타하며 진압하기 시작했다. 이 잔혹한 폭력은 광주 시민들의 분노를 자극하여 항쟁의 주체를 학생에서 시민 전체로 확산시키는 직접적인 원인이 되었다.

계엄군의 과격한 진압에 분노한 시민들은 금남로로 모여들어 시위에 참여했고, 이는 단순 시위에서 대규모 시민 봉기로 전환되었다. 5월 20일에는 수백 대의 차량 시위대가 항쟁의 새로운 단계로 진입하는 데 결정적인 역할을 했다. 5월 21일 오후, 계엄군이 도청 앞에서 시위대에 일제 사격을 감행하여 다수의 사상자가 발생하자, 시민들은 더 이상 비폭력 저항만으로는 한계가 있음을 인식하고 무장하기 시작했다. 시민들은 인근 무기고와 아시아자동차 공장 등에서 무기를 확보하여 자체적

5장 우리나라 정치의 역사

으로 시민군을 결성하고 계엄군과 시가전을 벌였다.

5월 22일부터 26일까지, 시민군이 계엄군을 광주 외곽으로 퇴각시키면서 광주는 사실상 시민들의 자치하에 놓이게 되었다. 이 기간 동안 시민들은 식량과 생필품을 나누고 자체적으로 질서를 유지하며 '해방 광주'를 경험했다. 이는 독재 정권의 '혼란' 선전과는 달리, 시민들이 스스로 민주적 질서를 구축하고 유지할 수 있는 능력을 보여준 상징적인 사례였다. 그러나 5월 27일 새벽 2시, 탱크를 앞세운 약 2만 5천 명의 계엄군이 다시 광주 시내로 진입하여 최종 진압 작전을 감행했다. 도청에 남아 있던 시민군이 마지막까지 저항했지만, 계엄군의 무차별적인 사격으로 항쟁은 막을 내렸다.

광주민주화운동 연대기

날짜	주요 사건(사건의 내용)
1980.5.17	비상계엄령 전국 확대(17일 24시를 기해 비상계엄령이 전국으로 확대됨. 국회 봉쇄, 학생·정치인·재야인사 등 2,699명 구금, 정당·정치 활동 금지 등이 강행됨
1980.5.18	5·18 민주화운동의 시작. 광주 시민들이 '비상계엄 해제'의 구호를 외치며 시위를 진행함. 계엄군이 이를 유혈 진압함.
1980.5.19	최초 사망자 발생 및 첫 실탄 사격
1980.5.20	언론이 계엄군의 만행을 제대로 보도하지 않자, 이에 분노한 시민들이 광주 MBC 건물을 방화함. 실탄이 계엄군에 지급되었으며 시민을 향해 발포됨. 이로 인해 4명의 사망자와 수십 명의 부상자가 발생함.

1980.5.21	광주 시위대회가 절정에 달함. 시민들이 광주 KBS 건물을 방화함. 당일 도청 앞에서 계엄군이 애국가에 맞춰 시민을 향해 집단 발포함. 분노한 시민들은 장갑차, 팻말, 총기 등을 탈취·무장함. 이날 계엄군은 도청에서 철수하고 조선대학교로 향함.
1980.5.22	계엄군이 철수해 도심을 시민군이 점령함. 일명 '해방 광주'라 불리는 시민 자치 기간이 시작됨.
1980.5.23~24	수습대책위원회는 계엄군과 협상을 시도함. 계엄군 측은 무조건 무기 반납을 요구함. 위원회는 무기 반납 여부로 분열됨.
1980.5.25	무장 투쟁을 원하는 본파는 온건파를 남기고 끝까지 싸우기로 결정함.
1980.5.26	시민군에게 6시까지 투항하라는 최후 통첩이 보내짐. 시민군은 최후의 저항을 결심함.
1980.5.27	계엄군이 광주 시내로 재진입함. 시민군은 계엄군에 의해 진압됨.

광주민주화운동은 독재 정권이 국민을 상대로 '국가 폭력'을 행사한 극단적 사례였다. 정권은 이를 폭동으로 규정하려 했지만, 훗날 대법원은 시민들의 행위를 헌법 수호를 위한 정당한 저항으로 판결했다. 이는 정권의 폭력성과 그 정당성의 부재를 극명하게 드러낸다. 전두환 정권은 힘의 논리를 기반으로 정권을 공고히 했으며, 광주를 향한 잔혹한 진압은 그 폭력적 정체성을 규정하는 핵심 사례로 남았다.

5장 우리나라 정치의 역사

제도, 통제, 그리고 통치 기술

전두환 정권은 단순히 물리적 억압에만 의존하지 않고, 권력의 합법성을 위장하고 사회 전반을 통제하기 위한 복합적인 통치 기술을 사용했다.

군사반란과 쿠데타를 통해 얻은 권력을 합법화하기 위해 신군부는 1980년 10월 27일 헌법을 개정하고 제5공화국 헌법을 제정했다. 이 헌법은 대통령의 임기를 7년 단임제로 명시하여 유신 체제와의 차별화를 꾀하는 것처럼 보였다. 그러나 대통령 선거는 국민의 직접 선거가 아닌, 정권이 통제하는 대통령 선거인단에 의한 간접 선거로 이루어졌다. 이는 독재 정권이 자신의 폭력적 탄생을 가리기 위해 법치주의의 가면을 쓴 사례다. 겉으로는 민주적 절차를 따르는 것처럼 보였으나, 실질적으로는 정권의 의도대로 대통령을 선출하는 '체육관 선거'의 틀을 유지했다. 제5공화국 헌법은 독재가 단순히 법을 무시하는 것이 아니라, 법을 자신의 통치 목적에 맞게 재단하여 합법성을 위장하는 교활한 방식을 보여준다.

언론과 사회 전반의 감시

독재 정권은 국민의 저항 의지를 꺾고 정권의 선전만을 허용하기 위해 사회 전반에 걸친 통제를 강화했다. 가장 대표적인 사례는 '언론 통폐합'이다. 보안사령부의 주도로 64개에 달하던 언론사를 18개로 강제 통합했다. 이 과정에서 933명의 언론인이 강제 해고되었다. 이는 단순히 언론사를 줄인 것이 아니라, 정권의 명령에 복종하는 단일한 목소리만을 허용함으로써 정보 독점과 여론 조작을 완성하기 위한 체계적인 정보 통제 전략이었다. 국민들은 매일 9시가 되면 "전두환 대통령은…"으로 뉴스를 시작하는 일명 '땡전뉴스'를 접하게 되었다.

또한, 독재 정권은 '사회악 일소'를 명분으로 영장 없는 무차별적 체포를 통해 6만 명 이상의 국민을 구금하고 인권 유린을 자행한 삼청교육대를 운영했다. 이 조치는 정적을 넘어 일반 국민에게도 공포를 심어 체제에 대한 저항을 뿌리부터 제거하려는 목적이었다. 이러한 정책들은 독재 정권이 폭력적 억압(삼청교육대)과 심리적 통제(언론 통폐합)를 병행하며 국민의 저항을 뿌리부터 제거하려 했음을 보여준다.

국가안전기획부

국가안전기획부(안기부)는 10·26 사태 이후 위상이 추락한 중앙정보부의 후신으로 1981년 제5공화국 출범과 함께 재정립된 정보기관이다. 안기부는 국가 안보를 명목으로 정치적 반대파에 대한 사찰과 탄압을 전담하는 정치적 경찰 역할을 수행했다.

안기부의 정권 유지를 위한 역할은 '수지 김 간첩 조작 사건'에서 극명하게 드러난다. 1987년, 안기부는 홍콩에서 남편에게

5장 우리나라 정치의 역사

피살된 한 여성(김옥분, 일명 수지 김)을 간첩으로 조작하고, 남편(윤태식)을 납북 미수 피해자로 둔갑시켜 대국민 기자회견까지 진행했다. 이는 정권이 내부의 적을 제조하여 국민에게 공포를 주입하고, 이를 통해 정권의 필요성과 억압을 정당화하려한 극단적 사례였다. 이 사건은 독재가 물리적 힘뿐만 아니라 조작된 진실을 통해 국민의 이성을 마비시키고 체제에 대한 복종을 강요했음을 보여준다.

우민화와 정치적 무관심 유도, 3S 정책

전두환 정권은 억압과 함께 대중을 회유하는 전략도 병행했다. 국민의 관심을 정치에서 멀어지게 하기 위해 스포츠(sports), 스크린(screen), 섹스(sex)를 장려하는 이른바 '3S 정책'이 그것이다. 프로야구 출범, 통행금지 해제, 스크린 검열 완화 등이 대표적인 사례로, 이는 폭력적 억압과 정반대되는 유화책이었다.

3S 정책은 독재 정권의 통치 기술이 얼마나 정교했는지를 보여준다. 이는 국민에게 소소한 자유와 오락을 허용함으로써 정치적 불만을 희석시키고, 자발적인 무관심 상태로 유도하려는 전략이었다. 이처럼 전두환 정권은 억압과 회유라는 양면 전략을 통해 권력을 공고히 했다.

경제적 성과와 그 한계

전두환 정권은 쿠데타로 성립된 태생적 한계를 극복하기 위해 경제적 성과를 정권의 가장 중요한 정당성으로 내세웠다.

전두환 정권이 출범한 1980년, 대한민국 경제는 마이너스 성장과 28.7%에 달하는 높은 물가상승률로 심각한 위기에 놓여 있었다. 정권은 물가안정을 최우선 과제로 삼고, 공권력을 동원하여 공산품 가격 인상, 근로자 임금, 추곡 수매가 등을 강제로 억제했다. 또한 중화학공업의 신규 진입을 금지하고 기존 업체의 사업 부문을 강제적으로 정리하는 구조조정을 단행했다. 이러한 독재 정권의 완력은 결과적으로 물가 안정에 기여했다는 평가를 받는다.

3저 호황의 정치적 이용

전두환 정권의 경제적 성과는 순수하게 정책적 능력만으로 얻어진 것은 아니었다. 정권 후반기인 1986년부터 1989년까지 전 세계적으로 발생한 저유가, 저금리, 저달러의 이른바 '3저 호황'이라는 외부적 변수가 복합적으로 작용하며 대한민국 경제는 유례없는 호황을 누렸다. 정권은 이러한 외부 요인에 의한 성과를 강력한 리더십의 결과물로 포장하여 정당성 확보에 이용했다. 경제적 성공은 독재 정권의 기능적 정당성을 제공하는 가장 강력한 수단 중 하나였다. 그러나 경제적 성과가 국민들의

266

민주화에 대한 열망을 완전히 대체할 수는 없었다는 것이 중요한 역사적 교훈이다.

1985년 제12대 국회의원 총선거에서 창당 한 달 만에 제1야당으로 부상한 신한민주당의 돌풍은 경제적 안정만으로는 국민의 정치적 자유에 대한 갈증을 해소할 수 없었음을 증명한다.

전두환 정권 시기 주요 경제 지표 및 정치적 사건(연, %)

연도	GDP 성장률	물가 상승률	주요 정치적 사건
1980	−1.6	28.7	5·17 내란, 광주민주화운동
1981	6.2	21.3	제5공화국 출범, 안기부 설립
1982	6.8	7.3	삼청교육대 허체, 언론 통폐합
1983	12.6	3.4	–
1984	9.9	2.3	–
1985	7.8	2.5	제12대 총선, 신한민주당 제1야당 부상
1986	10.9	2.8	3저 호황 시작
1987	12.3	3.4	6월 민주항쟁, 6·29 선언

이 표는 경제적 안정과 성장이라는 독재의 통치 명분과, 실제 사회의 정치적 동향이 어떻게 병렬적으로 진행되었는지를 보여준다. 독재 정권의 경제적 성과가 국민들의 민주화 요구를 잠재우기는커녕, 오히려 정치적 불만을 심화시켰다는 모순적 상황을 살펴볼 수 있다.

전두환 정권

전두환 정권은 12·12 군사반란과 5·17 내란이라는 연쇄적 군사행동을 통해 권력을 장악하고, 광주민주화운동 등의 시민 저항을 국가 폭력을 동원해 진압하면서 권력을 공고히 했다. 이는 국민을 상대로 한 국가 테러를 통해 저항 의지를 꺾으려 한 독재 정권의 폭력적 정체성을 규정하는 핵심 사례로 남았다.

또한 정권은 제5공화국 헌법, 언론 통폐합, 삼청교육대, 안기부를 통한 각종 사건 조작, 그리고 3S 정책 등 다층적이고 정교한 통치 기술을 결합하여 국민을 억압하고 통제했다. 겉으로는 합법적 절차와 경제적 성과를 내세웠으나, 실질적으로는 법을 악용하고 여론을 조작하는 등 독재의 본질을 가리는 데 주력한 것이다.

그러나 전두환 정권의 전방위적 억압은 역설적으로 국민들의 민주주의에 대한 열망을 더욱 강화시켰다. 광주민주화운동의 숭고한 희생은 헌법 수호를 위한 정당한 저항으로 평가받으며 꺼지지 않는 민주화의 불씨가 되었다. 이는 결국 1987년 6월 민주항쟁을 거쳐 대통령 직선제 개헌을 이끌어내는 원동력이 되었다.

전두환 정권의 사례는 독재가 무력과 폭력뿐만 아니라, 교묘한 법적 장치, 여론 조작, 그리고 경제적 성과를 통해 그 존재를 정당화하려 한다는 점을 시사한다. 이는 민주주의 사회가 독재의 다양한 형태를 경계하고 끊임없이 민주주의를 수호해야 하는 이유를 명확히 보여주는 역사적 교훈으로 남는다.

노태우의
하이브리드 독재

보통사람의 역설과 하이브리드 체제

    노태우 정권은 대한민국 현대사에서 독특하고 복합적인 위치를 차지한다. 1987년 6월 민주항쟁이라는 거대한 민주화 요구의 물결 속에서 직선제 개헌을 수용하고 직접 선거를 통해 출범했다는 점에서 이 정권은 이전의 군사 독재 정권과는 명확히 구분된다. 그러나 동시에 권력의 핵심을 구성했던 인물들과 통치 방식에는 전두환 정권의 권위주의적 유산이 깊숙이 배어 있었다. 노태우 정권은 단순한 독재 또는 민주주의라는 이분법적 틀에서 벗어나, 정치학의 하이브리드 체제 또는 선택적 권위주의의 관점에서 그 복합적인 성격을 분석해야 한다.

    독재에 대한 하이브리드 체계론 또는 하이브리드 체제론(hybrid regime theory)은 특정한 한 명의 학자가 단독으로 주창했다기보다는, 1990년대 탈냉전 이후 등장한 민주주의와 권위주의의 중간 단계에 있는 새로운 형태의 정치 체제를 설명하기 위해 여러 정치학자들이 동시다발적으로 발전시키고 개념화한 이론이다. 주요 학자로는 테리 칼(Terry Karl), 토마스 캐로더스(Thomas Carothers), 스티븐 레비츠키(Steven Levitsky)와 루칸 웨이(Lucan Way) 등이 있다. 이들은 모두 민주주의와 권위주의의 이분법으로는 설명할 수 없는 새로운 중간 형태의 정치 체제를 정의하고자 노력했다.

하이브리드 체제는 표면적으로는 다당 경쟁 선거와 같은 민주적 제도를 갖추고 있지만, 실질적으로는 권위주의적 통치 방식을 유지하거나 이를 은밀하게 활용하는 정치 체제를 의미한다. 이러한 체제는 완전한 민주주의로의 이행을 거부하면서도 물리적 억압보다는 제도의 관리와 통제를 통해 권력을 유지하려 한다. 노태우 정권은 이러한 개념적 틀에 완벽하게 부합하는 사례로 평가될 수 있다.

이 정권이 존속을 위해 택한 방식은 겉보기에 민주화된 정권으로 보이도록 꾸미는 것이었다. 그러나 민주적으로 보이는 그 권력 구조의 본질은 이미 독재의 속성을 띄도록 변형되어 있었다. 겉으로는 자유로운 언론 창간을 허용하고 지방자치를 부활시키는 등의 전향적 조치를 취했으나, 동시에 국가안전기획부(안기부)를 동원한 공안 통치와 정경유착을 통해 권위주의적 지배를 이어갔다.

이러한 이중성을 규명하기 위해 노태우 정권의 권력 획득 과정, 통치 방식, 그리고 대외 정책을 세 단계로 나누어 분석해 볼 필요가 있다. 첫째, 6·29 선언과 1987년 대선 과정에서 드러난 민주적 절차의 역설이다. 둘째, '보통사람' 시대의 이면에서 진행된 자유화와 권위주의적 통치의 공존이다. 마지막으로, 북방외교가 노태우 정권의 낮은 정통성을 어떻게 보완하고 대내외적 안정 기반을 구축했는지 살펴보아야 한다.

민주적 외피 아래의 권위주의적 재구성

노태우 정권의 출범은 단순히 정치적 계획에 따른 것이 아니라, 대한민국 역사에서 가장 거대한 국민적 저항 운동인 1987년 6월 민주항쟁의 압도적인 힘에 의해 강제된 결과였다. 이 항쟁은 1987년 1월 박종철 고문치사 사건이 알려지면서 전국적인 반독재 시위로 격화되었다. 당시 전두환 대통령은 기존 헌법을 고수하겠다는 '4·13 호헌조치'를 발표하며 민주주의를 열망하는 국민적 요구를 정면으로 거부했다. 그리고 이는 저항의 불길에 기름을 부은 격이 되었다.

항쟁의 절정을 이끌어 낸 결정적인 계기는 6월 9일 연세대학교 학생 이한열이 시위 도중 경찰이 쏜 최루탄에 맞아 중태에 빠진 사건이었다. 이 비극적인 사건은 억눌렸던 국민적 분노를 폭발시켰고, 다음 날인 6월 10일에 예정되었던 '민주헌법

5장 우리나라 정치의 역사

쟁취국민운동본부'의 국민대회를 전국적이고 조직적인 시위로 확산시켰다. 시위는 서울의 명동성당을 비롯한 주요 거점뿐만 아니라 전국 각지에서 동시다발적으로 전개되었다. 시위 참여 인원이 400만~500만 명에 달할 정도로 대규모로 확산되었고, 경찰력은 사실상 마비 상태에 이르렀다. 이러한 국민적 저항의 힘은 전두환 정권이 더 이상 물리적 강압만으로 통치할 수 없는 새로운 시대가 도래했음을 상징적으로 보여주었다. 군대 투입설까지 나돌던 상황에서 정권이 결국 이를 철회하고 민주화 요구를 수용할 수밖에 없었던 것은, 대중의 힘을 정권이 더 이상 무시할 수 없었음을 보여주는 결정적인 증거였다.

전략적 후퇴로서의 민주화 수용, 6·29 선언

1987년 6월 29일, 민주정의당 대통령 후보였던 노태우는 국민들이 거세게 요구한 민주화와 직선제 개헌을 수용하는 내용의 특별 선언을 발표했다. 이른바 '6·29 민주화 선언'이라 불리는 이 조치는 대통령 직선제 개헌, 김대중의 사면복권, 자유언론 창달, 인권 신장, 지방자치제 실시 등 8개 항의 파격적인 내용을 담고 있었다. 이 선언은 당시 일촉즉발의 시국을 일거에 해결한 폭탄선언으로 평가받으며 국민들에게 안도의 숨을 몰아쉬게 했다.

그러나 6·29 선언은 단순히 민주화 투쟁의 승리만을 의미하는 것이 아니었다. 선언문 초안은 당시 노태우의 측근인 박철언을 비롯한 민정당 핵심 인사들에 의해 작성되었다. 이것은 이 조치가 단순한 항복이 아니라 위기를 타개하고 권력을 재장악하기 위한 치밀한 정치적 전략이었다는 뜻이다. 정권은 국민의 압도적인 힘에 밀려 물리적 억압으로는 더 이상 통치가 불가능하다고 느끼자, 민주적 절차의 일부를 수용함으로써 권력 구조를 재구성하려 했다는 것이다. 즉, 6·29 선언은 독재가 완전히 해체된 것이 아니라, 대중의 민주적 요구를 일부 흡수하며 '통제된 민주주의'로 체제를 변형시키는 전형적인 모습을 보여준다.

제9차 개헌과 1987년 대통령 선거

6·29 선언에 따라 한국 헌정사에서 처음으로 합헌적 절차를 거친 개헌이 이루어졌다. 제9차 헌법 개정안은 대통령 5년 단임 직선제, 국회해산권 폐지, 국회 국정감사권 부활, 헌법재판소 신설 등 민주주의의 핵심적인 제도적 장치들을 포함했다. 이는 형식적으로는 민주화의 제도적 완성이었다.

그러나 이어진 제13대 대통령 선거는 민주적 절차의 이면을 여실히 드러냈다. 노태우 후보는 '보통사람'이라는 선거 슬로건을 내세우며 군부 이미지 지우기에 나섰고, 36.6%라는 저조한 득표율로 당선되었다. 이는 당시 군정종식을 외치며 민주화

운동을 이끌던 김영삼과 김대중 두 후보가 단일화에 실패했기 때문이었다. 김영삼 후보는 28.0%를, 김대중 후보는 27.1%를 득표하며 야권 표가 분열되었고, 이 결과는 노태우의 당선으로 이어졌다. 이 선거는 독재가 물리적 억압이 아닌, 야권 분열이라는 민주적 절차의 결함을 교묘하게 이용하여 승리한 사례다. 이는 권위주의 정권이 대중의 민주적 요구에 정면으로 맞서기보다는, 민주적 절차의 빈틈을 이용해 권력을 유지하는 하이브리드 체제의 특징을 보여준다.

나아가 선거를 불과 며칠 앞두고 발생한 대한항공 858편 폭파사건은 야당 후보들에게 치명타로 작용하며 노태우 후보에게 유리한 국면을 조성했다. 그 외에도 노태우 당선을 위해 외교 라인을 동원했다는 의혹이 제기되는 등 정부 기관이 특정후보에 편향된 태도를 취하며 권위주의적 통치의 유산을 계속 사용하고 있었음을 보여준다.

자유화와 통제의 공존

노태우 정권은 이전의 군사 독재 정권과는 다르게 유화적인 통치 방식을 일부 도입했다. 특히 언론과 시민 사회 영역에서 중요한 변화들이 감지되었다. 이전의 전두환 정권이 언론 통폐합과 보도지침으로 언론을 철저히 통제했던 것과 달리, 노태우 정권은 언론기본법과 보도지침을 폐지했다. 그 결과, 한겨레신문, 국민일보와 같은 새로운 일간지들이 창간되면서 언론사의 수가 크게 늘어났다. 이는 언론 자유를 확장하고 언론 통제 관행에서 벗어나려는 노태우 정권의 의지를 보여주는 강력한 증거였다.

또한 이 시기에는 '경제정의실천시민연합'을 비롯하여 '공해추방운동연합', '전국빈민연합' 등 다양한 성격의 시민 사회 단체들이 결성되었다. 이러한 시민단체의 활발한 등장은 국민이 단순히 정치적 자유뿐만 아니라 사회적·경제적 정의에 대한 요구를 표출할 수 있는 새로운 공론의 장이 열렸음을 의미한다. 언론과 시민 사회의 성장은 6·29 선언의 약속 이행이자, 노태우 정권이 이전의 노골적인 억압 통치에서 벗어나 최소한이나마 대중의 요구를 따르는 모습을 보였다는 사실을 알려준다.

'통제된 자유화'의 전형

노태우 정권은 1961년 5·16 군사정변으로 중단되었던 지방자치제도를 부활시키려는 시도를 했다. 1991년 지방의회 의원 선거가 30여 년 만에 다시 실시된 것은 지방에 권력을 분산하고 민주주의를 심화시키는 중요한 제도적 진전이었다. 지방자치는 권위주의 체제에서 중앙정부에 집중되었던 권력을 분산시키는 핵심적인 민주화 과제였다.

그러나 정권은 지방자치제도의 완전한 실현을 보류했다.

1991년 지방의회 의원 선거는 실시되었지만, 이듬해에 치르기로 되어 있던 지방자치단체장 선거는 '경제적·사회적 안정'을 이유로 연기하였다. 이는 지방자치의 절반만 허용함으로써 중앙정부의 통제권을 유지하려는 전략이었다. 이와 같은 사례는 겉으로는 민주화를 약속하고 그 상징적인 제도를 도입했지만, 실제로는 권력 이양의 속도와 범위를 조절하며 권력의 본질적 속성을 유지하려는 노태우 정권의 의도를 보여준다.

권위주의적 유산의 지속
공안 통치와 정경유착

노태우 정권은 민주화의 겉껍질을 뒤집어쓰고, 속으로는 이전 군사 독재 정권의 권위주의적 유산들을 지속적으로 활용했다. 그 중심에는 국가안전기획부(안기부)가 있었다. 노태우 정권하에서도 안기부는 이전처럼 전면적인 인권 유린은 줄었을지라도 여전히 반체제 세력을 감시하고 탄압하는 핵심적인 역할을 수행했다. 그 예로 안기부는 이 당시 '미림팀'이라는 비밀 도청 조직을 운영하며 정관계 고위 인사와 반대파 야당에 대한 광범위한 도청 행위를 저지르기도 했다. 이와 같은 사실은 노태우 정권에서도 권력 유지를 위해 비민주적 수단이 계속 사용되었음을 증명한다.

더욱이 노태우 정권은 '수서지구 택지 특혜 분양 사건'을 통해 뿌리 깊은 정경유착의 실체를 드러냈다. 이 사건은 한보그룹이 정관계 요인들에게 뇌물을 제공하여 아파트를 지어 무주택 서민에게 분양해야 할 땅을 특정 조합이 불법적으로 분양받도록 한 사건이다. 이 비리에는 청와대, 정부, 국회, 여야 정치인 등 거의 모든 정관계 인물들이 연루되어 있었다. 특히 당시 민주당 측에서는 이 사건이 노태우 대통령 퇴임 후 승계 세력들의 '정치자금 조달'을 위한 구조적 범죄일 가능성을 제기했다. 이는 표면적인 민주화와는 별개로 권력 구조의 본질은 변하지 않았으며, 권위주의적 통치의 핵심인 정경관 유착 관계가 지속되고 있음을 보여주는 결정적인 사례였다.

북방외교의 성과와 권위주의 정권의 정통성 확보

노태우 정권은 '보통사람'의 이미지를 국내 정치에 활용하는 한편, 대외적으로는 이전 정권과 차별화되는 외교 정책인 북방외교를 추진했다. 북방외교는 기존의 서방 국가 위주의 외교에서 벗어나 소련, 중국 등 사회주의 국가들과의 관계를 정상화하고 교류를 확대하는 데 주안점을 두는 정책이었다. 이 정책의 핵심 목표는 한반도의 현실에 대한 국제적 인정을 확보하고, 북한으로 하여금 이를 수용하도록 유도함으로써 한반도 정세 안정과 평화 정착, 나아가 평화적 통일을 위한 환경을 조성하는 것이었다.

북방외교는 노태우 정권의 주요 업적으로 평가받으며, 다수의 구체적인 성과를 낳았다. 노태우 정부는 헝가리, 폴란드 등 동유럽 국가들과 수교를 시작으로, 1990년 소련과의 국교를 정상화했다. 이어 1992년에는 중국과도 수교를 맺으며 한국 외교의 영역을 전방위적으로 확대했다. 이러한 외교적 성과는 당시 얼어붙었던 남북 관계에 새로운 물꼬를 트는 결정적인 역할을 했다.

기존에는 남북이 각자 자신들이 한반도의 유일한 합법 정부라며 상대방을 배제한 단독 유엔 가입을 주장했다. 그러나 노태우 정권이 들어서며 우리 측은 남북 동시 가입을 추진하기 시작했다. 처음에 북한은 남북 동시 가입이 오히려 분단을 영구화한다고 주장하며 동시 가입에 반대했으나 결국 외교적 고립을 우려하여 입장을 바꾸면서 동시 가입이 이루어졌다.

북방외교의 성공은 노태우 정권에 대한 국내외적 비판을 희석시키는 중요한 정통성의 원천이었다. 외교 정책의 성과는 대통령 선거에서 낮은 득표율로 당선된 정권의 정당성 문제를 희석하고, '보통사람'이라는 슬로건이 비리 사건 등으로 인해 흔들릴 수 있는 이미지를 국정 운영의 탁월한 성과로 대체하는 효과를 낳았다. 이는 권위주의 정권이 성공적인 외교 정책을 통해 국내 민주화 요구를 관리하고 정권의 안정성을 확보하는 전형적인 방식을 보여준다.

이행기적 하이브리드 체제로서의 노태우 정권

노태우 정권에 대한 독재 이론적 분석은 이 정권이 '이행기적 하이브리드 체제'였다는 결론에 이른다. 이 정권은 6월 민주항쟁이라는 대중적 저항에 직면하여 직선제 개헌과 같은 민주주의의 형식적 제도들을 수용했다는 점에서 이전의 노골적인 군사 독재와는 명확히 구분된다. 그러나 동시에 권력형 부패, 공안 통치, 국가 정보기관의 정치 개입 등 권위주의적 통치의 핵심적 유산을 내재하고 있었다.

노태우 정권은 물리적 폭력에 기반한 전통적인 독재가 더 이상 불가능한 시대적 상황을 인식하고, 겉으로 보이는 민주주의의 형식을 활용하여 권력을 재구성하는 전략을 취했다. 야권 분열을 이용해 낮은 득표율로 집권하고, 언론 자유와 지방자치를 부분적으로 허용하되 핵심적인 통제권은 유지했다. 이러한 '통제된 자유화'와 권위주의적 유산의 공존은 노태우 정권을 단순한 독재도, 완전한 민주주의도 아닌 복합적인 정치 체제로 규정하게 한다.

결론적으로 노태우 정권은 군사 독재 시대의 종말을 고하는 신호탄이었지만, 동시에 민주주의가 사회 전반에 완전히 뿌리내리기까지는 여전히 많은 도전 과제가 남아있음을 보여주는 복합적인 사례였다. 그 성과와 한계는 이후 문민정부 시대에 권력형 비리와 정보기관의 정치 개입을 청산하는 중요한 역사적 과제로 이어졌다. 노태우 정권은 한국 현대사에서 권위주의적 통치의 종식과 민주주의의 제도화가 동시에 진행되는 과도기적 단계를 상징적으로 보여주는 사례다.

김영삼과 문민독재

문민독재 논쟁의 서막과
김영삼 정부의 이중적 유산

1993년 2월, 김영삼 정부의 출범은 대한민국 현대사에서 32년
간 이어졌던 군사 독재를 공식적으로 종식시키고 문민정부를
수립한 역사적 전환점으로 평가된다. 김영삼 대통령은 취임 초
부터 '역사 바로 세우기', '부패와의 전쟁', '하나회 척결', '금융실
명제 실시' 등 대담하고 강력한 개혁 정책을 추진하며 국민적 지
지와 기대를 한몸에 받았다. 특히 군부 내 사조직인 '하나회'를
전격적으로 해체하고 군의 정치 개입을 차단한 것은 군사 정권
과의 단절을 상징적으로 보여준 사건이었다. 이러한 개혁 조치
들은 군부와 무관한 민간 정부가 권력기관의 도움 없이도 국정
을 운영할 수 있는 기반을 마련했다는 점에서 긍정적인 평가를
받았다.

김영삼 정부는 취임 초기 강력한 지지 기반을 바탕으로 이러

한 개혁을 단행했다. 그러나 동시에 '막강한 대통령 권한에 의해 국회를 무시한 채 이루어졌다'는 비판에 직면하게 되었다. 이러한 권위주의적 리더십은 자유주의와 민주주의의 가치와 상충된다는 지적과 함께 '문민독재'라는 비판적 프레임을 낳았다. 더욱이, 임기 말에 불거진 대통령 아들의 국정 개입 및 각종 비리 스캔들은 정부의 도덕성을 실추시켰다. 급기야 1997년의 IMF 외환위기는 개혁의 성과를 퇴색시키고 정부에 대한 국민적 신뢰를 크게 흔들었다.

단순히 옳고 그름의 문제에서 김영삼 정부가 문민독재라고 평가받는 것이 아니다. 오히려 그 배경에 깔린 구체적인 역사적 사건들을 살펴보고 그 사건들에 담긴 뜻을 살펴보아야 한다. 특히, 과거 권위주의 정권의 핵심 통치 수단이었던 국가안전기획부(안기부)가 문민정부에서 어떤 역할을 수행했는지에 초점을 맞추어 '미림팀 운영', '간첩조작 및 대북몰이', 그리고 '총풍 사건'을 심층적으로 분해볼 필요가 있다. 이를 통해 김영삼 정부의 개혁과 한계, 그리고 민주화 이후 한국 사회가 직면했던 권력과 제도의 문제를 다층적으로 살펴볼 수 있을 것이다.

국가안전기획부의 정치 개입

김영삼 정부는 과거 군사 정권의 권력 유지를 위한 도구였던 안기부, 검찰 등 권력기관을 '문민(文民)'에 맞게 쇄신할 것이라는 국민적 기대를 모으며 출범했다. 실제로 김영삼 대통령은 취임 초 군부 내 사조직인 '하나회'를 척결하며 군 정보수사 기관장의 관행적 임명을 깨뜨리는 등, 군부의 정치 개입을 차단하는 데에는 상당한 성공을 거두었다. 이는 군이라는 가시적이고 조직적인 권위주의 세력을 청산했다는 점에서 역사적으로 중요한 의미를 지닌다.

그러나 군부의 영향력이 약화된 자리에는 또 다른 형태의 권력 지형이 형성되었다. 이 과정에서 안기부의 역할은 근본적으로 변화하지 않았다. 비록 군사 정권은 끝났지만, 안기부는 여전히 민간인 사찰, 여론 조작, 간첩 조작 의혹 등 과거 권위주의 정권의 유산을 완전히 청산하지 못한 채 존속했다. 이는 단순한 정권 교체가 아니라, 민주주의적 제도를 정착시키기 위해서는 눈에 보이지 않는 권력 기구의 역할과 행태를 근본적으로 개혁하는 것이 얼마나 중요한 과제였는지를 보여준다.

김영삼 정부가 군부라는 '구(舊) 권위주의' 세력을 성공적으로 숙청했음에도 불구하고, 정보기관의 정치 개입이라는 권위주의적 행태는 청산되지 않고 새로운 권력 핵심으로 옮겨갔다. 강력한 개혁을 추진하며 얻은 대통령의 막강한 권한은 제도적 민주주의의 완성을 향하기보다는, 대통령의 아들인 김현철을 중심으로 한 비선 인맥이 안기부 내에 형성되는 통로를 제공했다. 한때 해체되었던 안기부의 비밀 도청 조직인 미림팀의 재가동과 그 보고 라인에서 김현철이 핵심적으로 거론되는 것은 군부가 사라진 권력의 공백을 대통령의 비선 실세가 차지하며 정보기관을 사적으로 활용했다는 것을 보여준다. 결국 '군사독재'는 종식되었지만, '정보기관을 통한 정치 개입'이라는 권위주의적 그림자는 여전히 남아 '문민독재' 비판의 근거로 작용했다.

미림팀 운영과 불법 사찰의 실태

미림팀은 노태우 정부 시절인 1991년 9월부터 안기부의 정보 수집 과학화 방침에 따라 운영되기 시작한 비밀 도청 조직이었다. 문민정부 출범 직후인 1993년 7월, 미림팀은 조직 개편과 함께 해체되었고, 이때 보관 중이던 불법 테이프도 소각 처리되었다. 이는 문민정부가 과거의 불법적인 통치 방식을 청산하려는 의지를 보여주는 행보로 해석될 수 있다.

그러나 불과 1년 후인 1994년 6월, 미림팀은 오정소 대공정책실장의 지시에 의해 재조직되어 활동을 재개했다. 재가동된 미림팀은 호텔, 한정식집, 룸살롱 등 정재계 유력 인사들이 자주 찾는 장소의 직원들을 포섭하여 도청, 녹음, 감청 작업을 벌였다. 이들은 3년 5개월 동안 매일 한 건씩 총 1,000여 개의 불법 도청 테이프를 생산했으며, 도청 대상자는 연인원 5,400명에 달할 정도로 광범위했다.

미림팀의 도청은 단순히 야당 인사에만 국한되지 않았다. 도청 테이프에 등장하는 인물 중 가장 많은 비중을 차지한 것은 정치인(273명)이었으나, 이 외에도 고위 공무원(84명), 언론인(75명), 경제인(57명), 법조인(27명), 학계(26명) 등 사회 각계각층의 유력 인사가 망라되어 있었다. 특히 1997년 15대 대통령 선거 국면에서는 여야 대통령 후보군, 경선 주자 등 선거 관련 동향이 집중적인 도청 대상이었다.

미림팀의 운영에서 가장 중요한 쟁점은 정보의 보고 체계였다. 도청 정보는 공식적으로는 팀장→과장→부국장→국장을 거쳐 안기부장과 차장에게 보고되도록 되어 있었다. 그러나 사안에 따라서는 공식 보고 라인을 건너뛰고 대통령의 차남인 김현철과 이원종 정무수석 등 권력 핵심부에 직접 전달되는 경우도 있었던 것으로 드러났다. 김현철은 도청 정보를 보고받은 사실을 부인했으나, 이원종 수석과 오정소 차장은 이를 인정했다.

미림팀의 재가동과 그 운영 방식은 문민정부가 '문민'이라는 표면적 정체성에도 불구하고, 실제로는 과거 군사 정권과 유사한 권위주의적 통치 방식을 내면화하고 있었음을 보여준다. 문민정부 출범 직후 불법 도청의 관행을 청산하겠다는 의지를 보였음에도 불구하고, 불과 1년 만에 이를 부활시켰다는 것은 정권이 합법적이고 민주적인 통치 기반 대신 비공식적이고 비민주적인 수단을 다시 선택했음을 의미한다. 특히 보고 라인이 국가 정보기관의 수장이 아닌 대통령의 아들 등 비선 실세로 향했다는 점은, 안기부가 국가 안보를 위한 공적 기관 으로서의 역할에서 벗어나 특정 개인이나 세력의 정치적 목적 을 위한 도구로 전락했음을 시사한다. 이는 공적 권력이 아닌 사적 권력에 의해 국가기관이 운영되는 독재의 전형적인 특징 이 민주화된 정권에서 다시금 나타났다는 것을 보여준다.

대북몰이와 안보정국의 정치적 활용

김영삼 정부는 과거 권위주의 정부의 유산이었던 '대북몰 이'를 완전히 청산하지 못했다는 비판을 받는다. 이 시기 안기 부는 여러 건의 간첩 사건을 조작했다는 의혹을 받고 있다. 대 표적으로 '남매간첩단 사건'이 있는데, 이 사건은 반핵평화운 동연합 정책위원인 김삼석과 그의 여동생 김은주가 반국가단 체와의 회합 및 통신 등의 혐의로 구속되어 유죄 판결을 받은 사건이었다. 이후 22년이 지나 신청한 재심에서 일부 혐의에 대하여 무죄가 선고되고 형량이 크게 감형되면서 사건의 진위 여부에 대한 논란을 남겼다. 이처럼 '간첩'이라는 허위 프레임 을 씌워 특정 인물을 압박하는 행태는 정보기관이 정권의 정치 적 목적을 위해 활용되었다는 의혹을 낳았다.

이와 더불어 김영삼 정부는 '진짜 위협'의 정치적 활용이라는 측면에서도 주목할 만한 행태를 보였다. 가장 주목할 만한 사건은 1996년 9월에 발생한 '강릉 무장공비 침투 사건'이다. 이 사건은 북한의 상어급 잠수함이 강릉 앞바다에 좌초되면서 26명의 무장공비가 육지로 침투한 실제 사건이었다. 49일간의 대규모 군사 작전이 펼쳐지면서 국민적 안보 불안감은 극도로 고조되었다.

　이 사건은 당시 교착 상태에 있던 남북 관계의 화해 분위기를 좌절시켰으며, 북한의 야욕을 확인하는 계기로 작용했다. 이는 정권이 지지율을 끌어올리고 정치적 주도권을 확보하는 데 안보 위기를 활용할 수 있는 환경을 조성했다. 대북몰이는 단순히 허위 정보를 유포하는 것에 국한되지 않는다. 김영삼 정부는 강릉 무장공비 사건이라는 실제 위협을 극대화하고 이를 정치적 자산으로 활용함으로써, 안보 이슈를 중요한 정치적 쟁점으로 부각시켰다. 이와 같은 상황이었기에 북한에 대한 불안감을 이용해 대통령 선거에서 지지율을 끌어올리려 했던 일명 '총풍 사건'과 같은 시도들이 가능했던 것이다.

총풍 사건의 진실과 정치적 파장

　'북풍'은 북한 관련 소식이나 사건을 선거에 이용하는 정치적 행태를 일컫는 용어이다. 그리고 그 가장 대표적인 예가 바로 '총풍(銃風) 사건'이다. 1997년 제15대 대통령 선거는 김영삼 정부의 임기 말에 치러졌다. 당시 새정치국민회의의 김대중과 자유민주연합의 김종필이 후보 단일화를 선언하고 일명 'DJP 연합'을 결성하면서 김대중 후보의 지지율이 급상승하자 판세를 뒤집기 위한 시도가 발생했다. 이것이 바로 '총풍 사건'이다. 이 사건은 1997년 대선 직전 한나라당 이회창 후보 측 관계자들이 중국 베이징에서 북한 측 인사를 만나 휴전선 일대에서 무력시위를 요청했다는 의혹에서 비롯되었다. 목적은 '총격 요청'을 통해 안보 불안감을 고조시켜 선거 판세를 자신들에게 유리하게 이끄는 것이었다.

이 사건에 대한 전말이 밝혀진 것은 1998년 김대중 정부 출범 이후 집중적인 조사가 이루어지면서이다. 재판 과정에서 법원은 총풍 3인방(한성기, 오정은, 장석중)이 북한에 무력시위를 요청한 사실을 인정하며 실형을 선고했다. 재판부는 이들의 행위가 자유민주적 기본질서의 핵심인 선거제도에 대한 중대한 침해이자 국가 안보에 심대한 위협을 끼친 범죄라고 규정했다. 그러나 이러한 유죄 판결에도 불구하고, 법원은 이회창 후보 측이나 안기부의 조직적 개입에 대해서는 '기록상 확인할 수 없다'며 배후를 명확히 밝히지 못했다. 또한, 사건을 덮으려 했다는 의혹을 받았던 권영해 전 안기부장의 특수직무유기 혐의에 대해서도 무죄를 선고함으로써 국가기관의 개입은 없었다고 판단했다.

총풍 사건은 형식적으로는 개인의 일탈로 결론났을지라도, 그 배경에는 안보를 정치적 이득을 위해 거리낌 없이 동원하려는 문민시대의 새로운 권위주의적 기조가 깔려 있었다. 민주주의는 공정한 선거 과정을 통해 정당성을 확보하는 체제이며, 총풍 사건의 목적은 바로 이 민주주의의 핵심인 선거를 훼손하는 데 있었다. 이러한 시도에 동원된 수단이 국가 안보였다는 점은 민주화가 이루어진 사회에서도 안보가 언제든 정치적 무기로 변질될 수 있다는 경고를 던진다. 사법부가 배후를 밝히는 데는 실패했으나, 사건의 존재 자체만으로도 민주화된 정권의 일부가 구시대적 수법인 대북몰이를 여전히 유효한 전략으로 여겼다는 것을 증명한다. 총풍 사건은 민주주의가 외형적으로는 달성되었지만, 그 내부의 행태와 윤리적 가치가 아직 충분히 성숙하지 못했음을 보여주는 비극적인 역설이다.

김영삼 정권은 문민독재였나?

김영삼 정부에 대하여 '문민독재'라고 평가하는 것은 단순히 개인의 리더십 스타일이나 임기 말의 실정에 대한 비판을 넘어, 한국 사회의 민주화 과정이 지닌 복합적이고 이중적인 성격을 보여주는 중요한 역사적 담론이다. 이 평가는 다음의 세 가지 핵심적인 논점을 통해 종합적으로 이해될 수 있다.

첫째, 김영삼 정부는 군부라는 가시적인 독재의 그림자를 성공적으로 걷어낸 역사적 성과를 남겼다. '하나회' 척결과 '역사 바로 세우기'는 한국 사회의 민주적 전환을 공고히 한 기념비적인 사건들로 평가된다. 그러나 이러한 '혁명적' 개혁을 단행했던 강력한 리더십이 다른 권위주의적 행태로 이어지면서, '군부 독재의 종식'이 '민주주의의 완결'과 동의어가 아님을 보여주었다.

둘째, 미림팀 운영은 민주정부가 과거 권위주의 정권과 유사한 통치 방식을 내면화하고 있었음을 드러냈다. 또한 미림팀의 재가동과 그 보고 라인이 안기부장이 아닌 대통령의 아들 등 비선 실세로 향했다는 점은 국가기관이 공적 목적이 아닌 사적 권력의 도구로 전락할 수 있다는 위험성을 보여주었다. 이는 군부 통제가 사라졌다고 해서 정보기관의 역할과 기능에 대한 근본적인 성찰과 개혁이 완료된 것이 아니라는 중요한 시사점을 남겼다.

셋째, '대북몰이'와 '총풍 사건'은 민주화된 사회에서도 안보가 언제든 정치적 무기로 변질될 수 있다는 것을 보여준다. 김영삼 정부는 강릉 무장공비 침투 사건과 같은 실제 안보 위기를 정치적 자산으로 활용하는 데 그치지 않고, 대선 국면에서 총풍 사건과 같은 비열한 시도가 등장할 수 있는 정치적 환경을 조성했다. 이는 민주주의의 핵심인 선거의 공정성을 훼손하려는 시도였으며, 형식적 민주화 이후에도 비민주적 통치 행태가 여전히 잠재되어 있음을 드러냈다.

결론적으로 김영삼 정부가 문민독재라는 평가를 받은 것은 김영삼 정부가 과거의 권위주의를 청산하려는 진취적 노력을 했음에도 불구하고, 그 과정에서 또 다른 형태의 권위주의적 통치 방식이 드러났기 때문이다. 이것은 한국 민주주의에 또 다른 과제를 남겼다. 이는 단순히 대통령 개인에 대한 비난을 넘어, 민주화 이후 한국 사회가 직면한 권력의 제도화, 그리고 안보의 정치화 문제에 대한 깊은 성찰을 요구하는 역사적 담론이다. 김영삼 정부의 유산은 한 시대를 마감하는 동시에, 새로운 시대가 해결해야 할 과제를 던져주었다는 점에서 그 의의가 크다.

5장 우리나라 정치의 역사

사법과 정치의
아슬아슬한 줄다리기

제1야당 대통령 후보의
정치적 운명을 둘러싼 사법정치

　　제21대 대통령 선거를 앞두고 제1야당의 유력 대선 후보였던 이재명 후보의 공직선거법 위반 사건은 단순히 한 개인의 형사 사건을 넘어, 법치주의와 정치의 경계에 대한 근본적인 질문을 제기했다. 대법원 상고심에서 이례적으로 빠르게 진행된 파기환송 절차와 그 이후 고등법원에서 벌어진 재판기일 연기 등 일련의 과정은 '사법정치(judicial politics)'의 관점에서 심층적으로 분석될 필요가 있다. 특히 사법부가 특정 사건에 대해 보여준 전례 없는 속도전과 그에 따른 정치적 파장, 그리고 대통령 당선 시 발생할 수 있는 재판 중단 문제까지, 이 사건은 한 정치인의 운명뿐만 아니라 대한민국의 삼권분립 체제에 엄청난 영향을 끼쳤다.

사라진 법과 정치의 경계

'정치의 사법화(judicialization of politics)'는 국가의 주요 정책이나 정치적 갈등이 사회적 공론화나 정치적 협상 과정이 아닌, 사법 과정에서 결정되는 현상을 의미한다. 이는 사법부가 행정을 집행하거나 사실상의 입법권을 행사하며 정치의 영역을 점차 침범하고, '정치'와 '사법'의 구분을 모호하게 만드는 양상을 낳는다.

우리나라에서는 과거 헌법재판소가 이러한 논란의 중심에 서는 경우가 많았다. 2004년의 행정수도 이전이나, 2014년의 통합진보당 해산 등 굵직한 현안들을 헌법재판소가 결정했기 때문이다. 그러나 이재명 후보의 사건은 최고법원인 대법원과 일선 법원까지 정치적 갈등의 한복판에 놓이게 했다는 점에서 기존의 사례와 차별화된다. 이 사건은 정치권의 고소·고발이 난무하는 가운데, 누가 당선되어도 피의자 대통령이라는 오명을 피하기 어려운 상황을 만들어냈고, 법관의 독립을 위협하는 수준까지 정치적 평가가 개입되는 위험성을 드러냈다. 이재명 사건은 법원이 한 정치인의 유무죄를 가리는 단순한 법률적 판단을 넘어, 대선 국면 전체를 좌우하는 결정적 변수로 작용했다는 점에서 정치를 사법 과정에서 해결하려 한 전형적인 사법 정치의 사례로 볼 수 있다.

1·2심 판결의 상반된 결과

이재명 후보는 공직선거법상 허위사실 공표 혐의로 기소되었다. 검찰은 크게 두 가지 발언을 문제 삼았다. 첫째는 고(故) 김문기 전 성남도시개발공사 1처장과의 관계에 대한 발언으로, 특히 해외 출장 중 함께 골프를 치지 않았다는 취지의 발언이었다. 둘째는 백현동 개발 사업 관련 발언으로, 이재명 후보가 성남 시장이던 당시 백현동 개발사업 부지의 용도를 변경하여 특정 업체에 특혜를 주었다는 논란이 있었다. 이에 관하여 이재명 후보는 국토교통부로부터 「혁신 도시 조성 및 발전에 관한 특별법」(혁신도시법)상 의무조항을 들어 압박받았고, 이에 따르지 않으면 직무유기를 문제 삼겠다는 협박을 받았다는 내용의 발언을 했다.

1심 재판부는 이 두 가지 발언에 대해 일부 유죄로 판단하고 징역형의 집행유예를 선고했다 반면 2심 항소심은 1심 판결을 뒤집고 모든 혐의에 대해 무죄를 선고했다. 2심 재판부는 김문기 관련 발언 중 골프 부분은 이재명 후보의 기억에 관한 발언일 뿐 행위에 관한 발언이 아니라고 판단했고, 백현동 관련 발언은 국토교통부의 법률에 의한 요구르만 의미를 한정하며 무죄를 선고했다. 이처럼 1심과 2심의 판결이 완전히 엇갈리면서, 사건의 최종 판단은 대법원의 몫으로 넘어갔다.

법리 오해를 지적하며 대법원으로 향한 사건

2심 판결에 불복한 검찰은 대법원에 상고했고, 사건은 대법원 전원합의체로 회부되었다. 대법원은 2심의 무죄 판결이 공직선거법 제250조 제1항에서 정한 허위사실 공표죄의 법리를 오해하여 판결에 영향을 미친 잘못이 있다고 보았다. 특히 대법원은 김문기 골프 발언에 대해, 피고인이 김문기 등과 함께 간 해외 출장 기간 중에 김문기와 골프를 친 것이 사실이므로 이는 행위에 관한 허위사실 공표에 해당한다고 판단했다. 또한 백현동 발언에 대해서도, 국토교통부가 성남시에 직무유기를 문제 삼겠다고 협박한 사실이 전혀 없는데도 피고인이 허위의 발언을 했다고 지적했다. 대법원은 2심 재판부가 이러한 허위사실을 간과하거나 왜곡했다고 판단하여 원심을 파기하고 사건을 서울고등법원으로 돌려보냈다. 이로써 사건은 다시 2심 재판부에서 재판을 받게 되는 파기환송 절차를 밟게 되었다.

전례 없는 대법원의 파기환송 속도전

이재명 후보에 대한 대법원 상고심은 지나칠 정도로 빠르게 진행되어 법조계 안팎의 강한 정치적 의혹을 불러일으켰다. 일반적으로 대법원에 사건이 상고되면 대법관 4명으로 구성되는 소부(小部)에서 심판한다. 그러나 합의가 잘 이루어지지 않거나 전원합의체 논의가 필요하다고 판단되면 사건을 전원합의

체에 회부한다. 2025년 4월 22일 오전, 사건이 소부인 제2부에 배당되자마자 조희대 대법원장은 같은 날 오후 사건을 전원합의체에 회부하고 곧바로 합의기일을 진행했다. 이틀 후인 24일에는 두 번째 합의기일을 진행해 대법관 표결까지 마쳤다. 사실상 전원합의체 회부 후 이틀 만에 결론을 지은 것이다. 그리고 약 1주일 후인 5월 1일 파기환송 결정을 하였다. 이는 통상적으로 대법원에서 파기환송 사건의 쳐종 확정판결까지 평균 50개월(4년 2개월)이 소요되고, 상고심 심리에만 평균 10.9개월이 걸리는 것과 비교했을 때 매우 이례적인 속도였다. 전직 대법관조차 "한 달 만에 대법 선고가 나온 건 처음 본다"고 언급하며, "어떻게든 정치적으로 말이 나올 테니 최대한 빨리 하자는 데 의견이 모인 것 같다"고 분석했다.

이러한 전례 없는 속도전은 오히려 사법부의 중립성을 지키려 한 조치였다는 법원 내부의 반론도 있었지만, 결과적으로 사법부가 대선 국면에 정치판에 몸을 던진 것과 다름없다는 비판을 낳았다. 더불어민주당은 이를 사법 쿠데타이자 대법원이 정치의 한복판에 뛰어든 것이라며 맹렬히 비판했다. 반면 국민의힘은 법치의 복원이라며 환영했다. 이처럼 대법원의 신속한 절차 자체가 정치적 논란의 핵심이 되면서, 사법부가 특정 후보에게 유죄 취지의 결론을 대선 직전에 내리기 위해 의도적으로 개입했다는 의혹이 강하게 제기되었다. 이는 사법부의 신속한 판단이 정치적 압력에서 벗어나기 위한 것이었다기보다는, 오히려 고도로 정치화된 사건의 시급성을 인지하고 정치적 파장을 관리하려는 시도로 해석되며, 그 자체로 사법정치의 직접적인 표출이라는 분석에 무게가 실린다.

대법원의 파기환송 결정 직후, 사건은 서울고등법원으로 송부되었다. 파기환송된 사건은 기존 2심 재판부(형사6부)가 아닌 새로운 재판부(형사7부)에 배당되었다. 서울고등법원은 대법원으로부터 사건 기록을 접수한 지 하루 만에 재판부를 정하고 첫 공판기일을 5월 15일로 잡았다. 이는 대선 후보자 등록 마감일(5월 11일) 직후이며 공식 선거운동 기간(5월 12일~) 중에 재판이 진행될 수 있음을 의미했다. 재판부는 심지어 재판 지연 논란을 막기 위해 우편 대신 법원 집행관을 통한 인편 송달을 진행하는 등 이례적으로 신속한 절차를 밟았다.

그러나 이 같은 초기 속도전은 불과 며칠 만에 전격적 중단으로 바뀌는 역설적 상황을 맞이했다. 서울고등법원은 5월 7일, 첫 공판기일을 대선 이후인 6월 18일로 변경한다고 밝혔다. 재판부가 공식적으로 밝힌 연기 사유는 대통령 후보인 피고인에게 균등한 선거운동의 기회를 보장하고 재판의 공정성 논란을 없애기 위함이었다. 이는 순수한 법률적 판단이라기보다는 정치적 고려가 개입된 결정으로 해석된다. 대법원의 초고속 파기환송 결정이 사법 쿠데타라는 비판을 받는 등 정치적 논란을 야기하자, 고등법원이 사법부의 중립성과 독립성을 지키기 위해 의도적으로 재판 중단을 택했다는 분석이 지배적이다. 이처럼 속도와 중단이라는 상반된 절차가 고도로 정치화된 사건에서 번갈아 나타난 것은 사법부가 정치적 압력에 얼마나 취약한지, 그리고 그 압력 속에서 나름의 출구를 찾으려 고심하고 있는지를 보여준다.

대통령 당선 시 재판의 운명

현행 헌법 제84조는 "대통령은 내란 또는 외환의 죄를 범한 경우를 제외하고는 재직 중 형사상의 소추(訴追)를 받지 아니한다."고 규정하고 있다. 이 조항의 핵심 쟁점은 형사상의 소추의 범위가 어디까지인가이다. 법조계에서는 소추를 공소 제기(기소)에 한정하여, 이미 진행 중인 재판은 중단되지 않는다는 견해와, 공소 제기 이후의 공판절차까지 포함하여 재판이 중단된다는 견해가 첨예하게 대립했다. 기존의 명확한 판례나 선례가 없었기 때문에, 이재명 후보가 당선될 경우 이 재판이 어떻게 될지는 불분명한 상황이었다.

이러한 법률적 불확실성을 해소하기 위해 더불어민주당은 대통령 당선 시 진행 중인 형사재판을 정지하도록 하는 내용의 형사소송법 개정안을 발의했다. 이 법안은 대통령에 당선된 피고인의 형사재판을 재임 기간 동안 정지하도록 명시하고 있다.

국민의힘은 이 법안이 이재명 후보를 위한 법이라고 비판하며 강력히 반대했지만, 더불어민주당은 정치적 악용을 방지하고 국정의 안정성을 위한 불가피한 조치라며 법안을 밀어붙였다.

더불어민주당은 재판 중단이 헌법 제84조에 대한 압도적 다수설이라는 주장을 펼쳤지만, 법을 명시적으로 제정하려는 시도 자체는 다수설만으로는 부족하며 사법부의 판단을 신뢰하지 못하고 있음을 시사한다. 이 법안은 사법부의 판단 영역에 입법부가 직접 개입함으로써, 사법정치를 입법적 차원에서 해결하려는 시도라고 볼 수 있다.

사법적 결정과 정치적 평가, 그리고 법관의 독립성

이재명 후보의 공직선거법 위반 사건은 대통령 선거라는 초유의 정치적 상황 속에서 법적 절차가 어떻게 사법정치의 전형이 될 수 있는지를 여실히 보여주었다. 대법원의 초고속 파기 환송과 고등법원의 전격적 연기라는 상반된 절차는 사법부가 정치적 압력에 대해 나름의 방식으로 대응하는 과정이었다. 법원이 스스로 사건의 시급성과 성격을 고려하여 판단했다는 점은, 이 사건을 단순한 법리적 다툼이 아닌, 고도로 정치화된 사안으로 인식했음을 의미한다.

이재명 후보의 사건이 최종적으로 어떤 법적 결론에 도달하든 관계없이, 이미 그 절차적 과정만으로도 정치적으로 상당한 의미가 있다. 사법부의 결정이 정치적이라고 평가되는 순간, 법관의 독립성은 흔들릴 수밖에 없다. 이 사건은 사법부가 특정 정당으로부터 사법 쿠데타라는 비판을 받거나 정치의 도구로 전락했다는 비난을 받는 상황을 연출했다. 이러한 논쟁은 장기적으로 사법부에 대한 국민의 존경심을 약화시키고, 모든 고위공직자 관련 사건을 법리가 아닌 정치적 셈법으로 바라보게 만들 수 있다.

이 사건은 향후 고위공직자 관련 형사 사건에 대한 새로운 기준점을 제시할 것으로 보인다 특히 대통령의 소추특권에 대한 해석을 둘러싼 입법부와 사법부의 충돌은 향후 헌정 질서의 중요한 과제로 남을 것이다. 이를 해결하기 위해서는 정치적 입김으로부터 사법부를 보호할 수 있는 명확한 제도적 장치를 마련하고, 공직선거법 위반과 같은 정치적 사안에 대한 재판 절차의 투명성과 일관성을 확보하는 노력이 필요하다. 이 사건이 남긴 교훈은 법이 정치의 도구가 되어서도, 정치가 법의 영역을 무력화시켜서도 안 된다는 점이다. 최종적인 사법적 판단은 한 정치인의 운명을 결정하겠지만, 이 사건의 전개 과정은 법치주의와 민주주의의 미래를 가늠하는 중요한 이정표로 기록될 것이다.